```
Dados Internacionais de Catalogação na Publicação (CIP)
       (Câmara Brasileira do Livro, SP, Brasil)

   Protz, Silvonei José
      Bento XVI : simplesmente um peregrino /
   Silvonei José Protz. -- São Paulo : Angelus Editora,
   2023.

      ISBN 978-65-89083-45-0

      1. Bento XVI, Papa, 1927-2022 - Discursos, ensaios
   e conferências 2. Papas - Biografia I. Título.

23-187800                                    CDD-262.13092
```
         Índices para catálogo sistemático:

   1. Bento XVI, Papa : Biografia e obra   262.13092

      Cibele Maria Dias - Bibliotecária - CRB-8/9427

Bento XVI: "Simplesmente um peregrino"
volume 1
1ª Edição – fevereiro de 2024 © Angelus Editora

Textos do Papa Bento XVI originalmente publicados no site do Vaticano
© Copyright Libreria Editrice Vaticana.

Direção Editorial
Maristela Ciarrocchi

Preparação e Revisão
Cleiton Robsonn

Organização
Adriana Rodrigues

Capa, Projeto Gráfico e Diagramação
Priscila Venecian

SILVONEI JOSÉ PROTZ

BENTO XVI
"Simplesmente um peregrino"

ANGELVS
EDITORA

"Sou simplesmente um peregrino [...] nesta terra. Mas quero ainda, com o meu coração, o meu amor, com a minha oração, a minha reflexão, com todas as minhas forças interiores, trabalhar para o bem comum, o bem da Igreja e da humanidade".

(Balcão Central do Palácio Apostólico de Castel Gandolfo
Quinta-feira, 28 de fevereiro de 2013)

Brasão do Papa Bento XVI

Sumário

Prefácio   13
    Recordando Bento XVI

Introdução   19
  Declaratio   21
  O gesto do Papa Bento XVI   22
  "Crer é tocar a mão de Deus"   24
  A despedida de Bento XVI aos senhores cardeais   25
  O momento final   27
  Morre Bento XVI, "humilde trabalhador na vinha do Senhor"   29
  Um guia para muitos fiéis   30
  Um patrimônio sobre as verdades de fé   30
  A íntegra do "Rogito"   34
  O testamento espiritual de Bento XVI   35
  Um humilde trabalhador   38
  Em Auschwitz   39

Capítulo 1   45
BENTO XVI e a FÉ   45

  1. A primeira graça que recebemos é a fé   52
  2. O valor da constância e da paciência   53
  3. Na oração e na adoração Deus encontra o homem   54
  4. Jesus "tinha sede da fé daquela mulher"   55

5. Todos queremos a "vida bem-aventurada", a felicidade 56
6. A esperança cristã não é apenas individual, é sempre também esperança para os outros 57
7. A fé na Providência não dispensa da luta cansativa por uma vida digna 58
8. Quem crê não está mais sozinho 59
9. Se Deus não existe, a vida é vazia, o futuro é vazio 60
10. Na fé encontramos a única garantia da nossa estabilidade 61
11. Vivendo a verdade, a verdade torna-se vida 62
12. Se Deus é grande, também nós somos grandes 63
13. A fé não é uma mera herança cultural 64

Capítulo 2
Bento XVI: Creio na Igreja 67

14. Deus tem um projeto para os seus amigos 72
15. Sem a Eucaristia dominical não podemos viver 73
16. Os discípulos do Senhor são chamados a dar novo "sabor" ao mundo e a preservá-lo da corrupção 74
17. Qualquer divisão na Igreja é uma ofensa a Cristo 75
18. O Espírito Santo faz nascer "de novo" o homem do seio da Igreja 76
19. A santidade – imprimir Cristo em si mesmo – é a finalidade de vida do cristão 77
20. A tarefa missionária não é revolucionar o mundo, mas transfigurá-lo 78
21. Sustentado pela fé da Igreja 79
22. A Igreja conhece numerosos "pentecostes" que vivificam as comunidades locais 80
23. A caridade é o dom "maior", que dá valor a todos os outros 81
24. A Igreja prolonga na história a presença do Senhor ressuscitado 82

25. Batismo: maravilhoso mistério que é o nosso "segundo nascimento"   83
26. Nos seus dons o Espírito é multiforme   84
27. Quem encontrou algo de verdadeiro, de belo e de bom na sua própria vida, o único tesouro autêntico, a pérola inestimável, corre para compartilhá-lo em toda parte   85

Capítulo 3
Bento XVI: Creio em Deus Pai   87

28. Ser filho torna-se o equivalente a seguir Cristo   88
29. O Reino de Deus é a verdadeira razão de esperança da humanidade   89
30. A verdadeira liberdade demonstra-se na responsabilidade   90
31. A fé no Criador e a escuta da linguagem da criação   91
32. O Espírito criador está presente na natureza e, de modo especial, na natureza do homem   92
33. Por ser Criador, é que Ele pode dar-nos a vida por toda a eternidade   93
34. O mundo é uma produção da Palavra, do Logos   94
35. A aliança, a comunhão entre Deus e o homem, está prevista no mais íntimo da criação   95
36. Celebramos a vitória definitiva do Criador e da sua criação   96
37. Tornar-se filho de Deus acontece através da fé, através de um "sim" profundo e pessoal a Deus   97
38. O Reino de Deus é a presença de Deus, a união do homem com Deus   98
39. Cristo mostra-nos quem é pai e como é um pai autêntico   99
40. Deus é nosso Pai, porque é nosso Criador   100

Capítulo 4
Bento XVI: Creio em Jesus Cristo — 103

O exercício de crer em Jesus Cristo — 103
41. Jesus toma a cruz de todos os homens e se torna fonte de salvação para a humanidade — 109
42. Cristo está atento às necessidades materiais, mas deseja dar mais — 110
43. Cristo derrotou a morte e reconduz-nos à vida imortal — 111
44. Deus não quer a morte do pecador, mas que se converta e viva — 112
45. E nós, sobre o que queremos construir a nossa vida? — 113
46. As Bem-Aventuranças constituem um novo programa de vida — 114
47. Bem-Aventuranças: dons de Deus — 115
48. Que toda criança, vindo ao mundo, seja acolhida pelo calor de uma família — 116
49. São José, homem novo — 117
50. O profeta encontra a sua alegria e a sua força na Palavra do Senhor — 118
51. A vida é estar com Cristo, porque onde está Cristo ali está o Reino — 119
52. Ricos e pobres perante Deus — 120
53. Cristo: modelo de humildade e gratuidade — 121
54. A radicalidade que é devida ao Amor de Deus, ao qual Jesus é o primeiro que obedece — 122
55. Tomar a cruz significa... — 123
56. Jesus não se contenta com vir ao nosso encontro. Ele quer mais: deseja a unificação — 124
57. Cristo ressuscitado não é um fantasma, não é somente um pensamento, uma ideia. Ele permaneceu o Encarnado, ressuscitou Aquele que assumiu a nossa carne — 125
58. O coração filial e fraterno de Cristo — 126
59. O Senhor Ressuscitado atravessa as portas fechadas — 127

Capítulo 5
Bento XVI: Creio no Espírito Santo   **131**

60. É precioso respirar o ar puro, o ar saudável do espírito, que é a caridade   133

61. Menos "angustiada" com as atividades e mais dedicada à oração   134

62. O homem já não quer ser imagem de Deus, mas de si mesmo 135

63. Creio em Deus, Pai todo-poderoso, Criador do Céu e da Terra 136

64. Devemos colocar-nos ao lado da razão, da liberdade e do amor   137

65. O Domingo tornara-se o dia da nova criação   138

66. O sangue, símbolo do amor do Bom Pastor   139

67. A revelação do eros de Deus ao homem   140

68. Na Cruz manifesta-se o eros de Deus por nós   141

69. Jesus entra na Cidade Santa montado num jumento   142

70. Jesus, Rei dos pobres, um Pobre entre os pobres e para os pobres   143

71. A liberdade interior é o pressuposto para a superação da corrupção e da avidez   144

72. Só podemos vencer o mal com o bem   145

73. A rede das comunidades eucarísticas que abraça a terra   146

74. Saudamos Aquele que, na Eucaristia, vem sempre de novo a nós   147

Bento XVI: Um peregrino que encoraja o povo católico   **151**

© Vatican Media

"
O Papa não é um soberano absoluto, cujo pensar e querer são leis. Ao contrário: o ministério do Papa é garantia da obediência a Cristo e à Sua Palavra".[1]

---

[1] Homilia do Papa Bento XVI durante a Concelebração Eucarística como Bispo de Roma na Basílica de São João de Latrão. Sábado, 7 de maio de 2005.

Prefácio

Recordando Bento XVI

É bom recordar Bento XVI pouco tempo depois do seu falecimento. Os diversos aspectos de sua vida e de sua missão, seus escritos teológicos e ensinamentos pontifícios são, agora, um patrimônio espiritual e cultural da Igreja. Recordo-o como um homem simples, sereno, inteligente, atento ao interlocutor, interessado em ouvir, extremamente gentil e fino no trato com as pessoas. Como não mencionar suas homilias profundas e, ao mesmo tempo, facilmente compreensíveis? E quanto já se disse e ainda se dirá sobre seus escritos teológicos!

Guardo, especialmente, algumas impressões que colhi a partir de encontros com ele, ou de momentos vividos por ele. Na vigília na Jornada Mundial da Juventude em Madri (2011). Um temporal muito forte se formou durante a fala do Papa; o vento balançava até a estrutura do palco onde ele e os bispos estavam. E mais de um milhão de jovens estava ali para ouvi-lo, apanhando toda aquela chuva. Alguns seguranças até sugeriram que o Papa se retirasse para um lugar mais seguro, mas Bento XVI quis permanecer próximo dos jovens. No final da celebração, aproximou-se deles e, de maneira muito paternal, desejou que pudessem repousar ao menos um pouco. Na manhã seguinte, já debaixo de muito sol, a primeira coisa que fez foi perguntar aos jovens como tinham passado a noite. O gesto foi de uma sensibilidade finíssima, que emocionou e cativou o coração dos jovens.

Na sua visita a São Paulo, em maio de 2007, tive o privilégio, enquanto arcebispo de São Paulo, de o acolher como anfitrião e de o acompanhar durante os dias de sua permanência em São Paulo. Foi a sua primeira grande viagem apostólica e também o primeiro "banho de multidões" em seu pontificado. Alegrou-se muito no encontro com a juventude no estádio do Pacaembu e interagiu com eles com leveza. No Mosteiro de São Bento, onde ficou hospedado, fazia questão de encontrar o povo que o esperava em grande número à frente daquele lugar. Após os compromissos do dia, ele se entretinha com simplicidade com os monges e os demais hóspedes da casa, ouvindo, perguntando e respondendo perguntas. Na Fazenda da Esperança, em Guaratinguetá, foi ao meio dos internos, que se recuperavam de dependências químicas, com proximidade paternal.

À frente da "barca de Pedro" e, depois, como Papa emérito, Bento XVI foi sempre um homem de grande lucidez e fé, buscando com coragem o bem da Igreja e de sua missão.

Bento XVI deixou um legado importante para a Igreja e será certamente recordado como um grande Papa teólogo, tanto pelo que escreveu e falou quando já era Sumo Pontífice, quanto pelo que escreveu antes desse sagrado ofício.

Ele também será recordado pelo seu esforço em ajudar a Igreja a se voltar para a essência de sua fé e de sua missão. Mostram isso suas encíclicas sobre a fé, a esperança e a caridade, as exortações apostólicas sobre a Eucaristia e a Palavra de Deus.

Bento XVI também será lembrado como o Papa que estimulou o clero a buscar a autenticidade na vivência de sua vocação e toda a Igreja, na revalorização de sua fé e no esforço renovado para transmiti-la aos outros.

Bento XVI manifestou-se sobre todos os assuntos e fatos relevantes durante o seu pontificado. Sua contribuição para a cultura, a filosofia, a busca da verdade e do bem é extraordinária! Como teólogo e humanista, tem horizontes largos e teve sua palavra geralmente acolhida com respeito e consideração; estimulou o mundo a pensar e a ir além das superficialidades de uma cultura consumista e imediatista. Sua encíclica social Caritas in Veritate é uma contribuição importante para o discernimento sério sobre as questões que atualmente afligem a humanidade. Estimulou muito, também, o diálogo entre as religiões e as culturas. Teve sempre a preocupação com a justiça, a paz e a solidariedade entre os povos.

Em fevereiro de 2013, diante de um grupo de cardeais reunidos em Consistório Ordinário para as Causas dos Santos, ele surpreendeu a Igreja e o mundo com o anúncio de sua renúncia. Com este gesto, Bento XVI ofereceu um grande exemplo de humildade e coragem e, ao mesmo tempo, de fé e generosidade, ao colocar em evidência que o bem da Igreja e sua missão devem ocupar o primeiro lugar nas preocupações de todos aqueles que são chamados e constituídos no serviço do rebanho do Senhor. Também indicou qual é a verdadeira natureza do ministério do Papa, dos bispos e dos sacerdotes: Todos são servidores do Povo de Deus, em nome de Jesus Cristo e por encargo seu. É Ele o verdadeiro e único Senhor e Pastor da Igreja, que cuida dela e quer o seu bem mais do que todos!

Pessoalmente, cultivei pelo Papa Bento XVI um sincero sentimento de admiração e de gratidão pelo bem que fez à Igreja nos quase oito anos de seu pontificado, apesar de tantos sofrimentos e até incompreensões que enfrentou. Também sou muito grato por ter me chamado a integrar o Colégio Cardinalício e a colaborar em diversos organismos da Santa Sé.

Os brasileiros serão sempre gratos ao Papa Bento XVI pela visita que fez ao Brasil em 2007, especialmente aqui a São Paulo, onde canonizou Santo Antônio de Sant'Anna Galvão, o primeiro Santo nascido no Brasil. Em Aparecida, fez a abertura da 5ª Conferência Geral do Episcopado da América Latina e do Caribe. Sua homilia, na Missa que celebrou junto da Basílica Nacional de Aparecida, foi memorável. Seu discurso na abertura da Conferência deu a orientação aos trabalhos daquela importante assembleia episcopal continental, que marcou e continua a marcar a Igreja.

Sua renúncia ao Pontificado deixou muitas pessoas perplexas, pois passavam-se vários séculos desde que um outro Papa renunciou. No entanto, esse ato de Bento XVI também ajudou a Igreja a amadurecer e a ter uma consciência mais clara a respeito de si mesma. Quando se despediu do Colégio Cardinalício no Vaticano, em 28 de fevereiro de 2013, ele disse que a Igreja não ficava sem pastor mediante a sua renúncia, pois é Cristo Pastor que a conduz. E enfatizou que a Igreja não decorre de um simples projeto humano, nem obedece apenas a lógicas humanas: ela é uma realidade viva, animada pelo Espírito Santo, que a renova, revitaliza, faz florescer e produzir frutos. E pediu a todos na Igreja que permanecessem sempre abertos à ação do Espírito.

Depois de sua renúncia, Bento XVI viveu com discrição e humildade no interior do Vaticano, rezando e oferecendo sua vida pela Igreja, sempre em comunhão estreita com seu sucessor, o Papa Francisco, que lhe dedicou visível e especial carinho.

Desde sua juventude, o jovem Joseph Ratzinger dedicou sua vida a Deus e à Igreja, que serviu com competência e humildade ao longo das diversas etapas que marcaram sua vida. Ele deixou o exemplo de um verdadeiro *homo ecclesiasticus*, que permanecerá na memória da Igreja, sobretudo pelas suas numerosas obras teológicas e ensinamentos doutrinais.

Dom Odilo Pedro Cardeal Scherer
Arcebispo Metropolitano de São Paulo

"...os Senhores Cardeais elegeram-me, simples e humilde trabalhador na vinha do Senhor."[2]

---

[2] Bênção Apostólica *"Urbi et Orbi"*. Primeira Saudação de Sua Santidade Bento XVI. Terça-feira, 19 de abril de 2005.

Introdução

Conheci Joseph Ratzinger quando ele ainda era o prefeito da então Congregação para a Doutrina da Fé. Encontrei-o várias vezes, seja pelos corredores do Palácio Apostólico, seja no edifício do Sant'Uffizio, sede da Congregação. Cheguei jovem ao Vaticano para trabalhar na Rádio Vaticano e tive a oportunidade de conviver seja com o cardeal Ratzinger, seja com João Paulo II, durante 16 anos e, depois, no Pontificado de Bento XVI.

Também neste período tivemos vários encontros, até mesmo uma visita de Bento XVI aos estúdios da Rádio Vaticano, no Palazzo Pio, sede da Rádio Vaticano, quando ele inaugurou o Estúdio 3, dedicado a João Paulo II (neste estúdio, Karol Wojtyła gravou 21 programas para a redação polonesa).

Homem de extrema gentileza e humildade conduziu o "barco de Pedro" de 19 de abril de 2005 a 28 de fevereiro de 2013, muitas vezes, num mar em tempestade. Certos da sua guia, pudemos, como fiéis, ser orientados com suas palavras e buscar confirmações de nossa fé nas suas atitudes.

O olhar simples e singelo sobre a humanidade ferida, ainda hoje descortina novos horizontes. Suas falas, reflexões, textos, livros, nos ajudam a compreender o que significa pertencer a uma Igreja, a caminhar juntos, numa aventura chamada vida, em direção ao eterno.

Escolher trechos de textos, discursos, mensagens cheias de conteúdos não foi e não é coisa simples. Tudo parece essencial, tudo deve ser lido. Mas a ideia é fazer com que nos debrucemos em focos de pensamentos de Bento XVI, para que ele nos ajude a caminhar seja na nossa fé, seja no diálogo com os nossos irmãos. Um tesouro que pertence a toda a Igreja e ao Povo de Deus.

Quero começar esta seleção por um momento histórico: o dia de sua renúncia ao "trono de Pedro". O mundo recebeu a notícia quase sem acreditar no que estava ocorrendo. Um gesto de extrema confiança em Deus e de suprema humildade.

Era 10 de fevereiro de 2013, na Sala do Consistório, Vaticano.

DECLARATIO

Caríssimos Irmãos,

Convoquei-vos para este Consistório não só por causa das três canonizações, mas também para vos comunicar uma decisão de grande importância para a vida da Igreja. Depois de ter examinado repetidamente a minha consciência diante de Deus, cheguei à certeza de que as minhas forças, devido à idade avançada, já não são idôneas para exercer adequadamente o ministério petrino. Estou bem consciente de que este ministério, pela sua essência espiritual, deve ser cumprido não só com as obras e com as palavras, mas também e igualmente sofrendo e rezando. Todavia, no mundo de hoje, sujeito a rápidas mudanças e agitado por questões de grande relevância para a vida da fé, para governar a barca de São Pedro e anunciar o Evangelho, é necessário também o vigor quer do corpo, quer do espírito; vigor este, que, nos últimos meses, foi diminuindo de tal modo em mim que tenho de reconhecer a minha incapacidade para administrar bem o ministério que me foi confiado. Por isso, bem consciente da gravidade deste ato, com plena liberdade, declaro que renuncio ao ministério de Bispo de Roma, Sucessor de São Pedro, que me foi confiado pelas mãos dos Cardeais em 19 de abril de 2005, pelo que, a partir de 28 de fevereiro de 2013, às 20h, a sede de Roma, a sede de São Pedro, ficará vacante e deverá ser convocado, por aqueles a quem tal compete, o Conclave para a eleição do novo Sumo Pontífice.

Caríssimos Irmãos, verdadeiramente de coração vos agradeço por todo o amor e a fadiga com que carregastes comigo o peso do meu ministério, e peço perdão por todos os meus defeitos. Agora confiemos a Santa Igreja à solicitude do seu Pastor Supremo, Nosso Senhor Jesus Cristo, e peçamos a Maria, sua Mãe Santíssima, que assista, com a sua bondade materna, os Padres Cardeais na eleição do novo Sumo Pontífice. Pelo que me diz respeito, nomeadamente no futuro, quero servir de todo o coração, com uma vida consagrada à oração, a Santa Igreja de Deus.

Vaticano, 10 de fevereiro de 2013.

Benedictus PP XVI

O gesto do Papa Bento XVI

O Papa Bento XVI não apenas surpreendeu o mundo, mas revelou muitas verdades e confirmou tantas outras. Uma delas diz respeito à importância que a Igreja Católica tem diante da comunidade internacional, sob o ponto de vista das nações. Todos os segmentos se manifestaram.

Outra é a confirmação do carisma de Joseph Ratzinger. Ele sempre teve luz própria que, nessa ocasião, brilhou de um modo intenso, mesmo sem a motivação da morte, foi um momento provocador de comoção.

Bento XVI mostrou liberdade em relação ao cargo e grande amor a Jesus Cristo e à sua Igreja, e uma fé inquebrantável na Providência, além de autêntica humildade. Seu exemplo serve para todos nós, principalmente para aqueles que ocupam cargos importantes e, apesar dos grandes limites sentidos e manifestados, não imaginam que Deus pode colocar alguém com tal amor na função e no cargo que ocupa.

Na Celebração de Cinzas, na quarta-feira daquele ano, o Papa aproveitou as leituras próprias do dia para dar sua mensagem quaresmal, a da volta ao centro de nossa vida, ao que é mais importante, Jesus Cristo: "O verdadeiro discípulo não procura servir a si mesmo ou ao 'público', mas ao seu Senhor com simplicidade e generosidade: "E teu Pai, que vê o oculto, há de recompensar-te" (Mt 6, 4.6.18).

Também falou sobre "a importância que tem o testemunho de fé e de vida cristã de cada um de nós e das nossas comunidades para manifestar o rosto da Igreja; rosto este que, às vezes, fica deturpado". Em seguida disse: "Penso de modo particular nas culpas contra a unidade da Igreja, nas divisões no corpo eclesial. Viver a Quaresma numa comunhão eclesial mais intensa e palpável, superando individualismos e rivalidades, é um sinal humilde e precioso para aqueles que estão longe da fé ou são indiferentes".

Já na Audiência Geral, a penúltima de seu Pontificado (13 de fevereiro de 2013), Bento XVI, como sempre, foi muito pastor e espiritual ao dizer para todos: "*Decidi renunciar em plena liberdade para o bem da Igreja, depois de ter longamente rezado e ter examinado diante de Deus a minha consciência, bem ciente da gravidade*".

Finalmente, falando quinta-feira para o clero de Roma, o seu clero, Bento XVI deixou claro seu futuro: "Não obstante a minha retirada, estarei sempre próximo de vocês com a oração e tenho certeza de que também vocês estarão próximos de mim, mesmo que para o mundo eu permaneça escondido".

"Crer é tocar a mão de Deus"

O Papa Bento XVI transcorreu seus últimos dias com muitos compromissos. Ele não parou de trabalhar e de encontrar pessoas. Um dos encontros foi com os membros da Cúria Romana.

Eis algumas das palavras do Papa Bento XVI na conclusão dos Exercícios Espirituais da Cúria Romana. Foi num sábado, dia 23 de fevereiro de 2013, na Capela *Redemptoris Mater*.

> *[...] "Arte de crer, arte de orar" foi o fio condutor. Lembrei-me do fato que os teólogos medievais traduziram a palavra "logos" não só com "verbum", mas também com "ars": "verbum" e "ars" são intercambiáveis. Só juntas sobressai, para os teólogos medievais, todo o significado da palavra "logos". O "Logos" não é só uma razão matemática: o "Logos" tem um coração, o "Logos" é também amor. A verdade é boa, verdade e bondade caminham juntas: a beleza é o selo da verdade.*
>
> *O "muito bom" do sexto dia — expresso pelo Criador — é permanentemente contrastado neste mundo pelo mal, pelo sofrimento e pela corrupção. E parece quase que o maligno quer corromper a criação, para contrariar Deus e tornar irreconhecíveis a sua verdade e a sua beleza. Num mundo tão marcado também pelo mal, o "Logos", a Bondade eterna e a "Ars" eterna, deve parecer como "caput cruentatum". O Filho encarnado, o "Logos" encarnado, está coroado com uma coroa de espinhos; e, todavia, precisamente assim, nesta figura sofredora do Filho de Deus, começamos a ver a bondade mais profunda do nosso Criador e Redentor; no silêncio da "noite escura" podemos ouvir a Palavra. No meio da obscuridade do*

mundo, crer é tocar a mão de Deus e assim, no silêncio, ouvir a Palavra, ver o Amor.

Caminhemos neste misterioso universo da fé, para sermos cada vez mais capazes de orar, pedir, anunciar, ser testemunhas da verdade, que é boa, que é amor.

A despedida de Bento XVI aos senhores cardeais

O último discurso aos cardeais presentes em Roma, quinta-feira, 28 de fevereiro de 2013. Era a saudação do Papa Bento XVI na Sala Clementina, no Palácio Apostólico.

Gostaria de vos deixar um pensamento simples, que me está muito a peito: um pensamento sobre a Igreja, sobre o seu mistério, que constitui para todos nós — podemos dizer — a razão e a paixão da vida. Deixo-me ajudar por uma expressão de Romano Guardini, escrita precisamente no ano em que os Padres do Concílio Vaticano II aprovavam a Constituição "Lumen Gentium", no seu último livro, com uma dedicatória pessoal também para mim; portanto as palavras deste livro são-me particularmente queridas. Diz Guardini: A Igreja "não é uma instituição pensada e construída sob um projeto.... mas uma realidade viva... Ela vive ao longo do tempo, no futuro, como todos os seres vivos, transformando-se... E, no entanto, na sua natureza permanece sempre a mesma, e o seu coração é Cristo". Foi a nossa experiência, ontem, parece-me, na Praça: ver que a Igreja é um corpo vivo, animado pelo Espírito Santo e vive realmente pela força de Deus. Ela está no mundo, mas não é do mundo: é de Deus, de Cristo, do Espírito. Vimos isto ontem.

Por isso, é verdadeira e eloquente também outra famosa expressão de *Guardini: "A Igreja desperta nas almas"*. *A Igreja vive, cresce e desperta nas almas, que — como a Virgem Maria — acolheram a Palavra de Deus e a conceberam por obra do Espírito Santo; oferecem a Deus a própria carne e, precisamente na sua pobreza e humildade, tornam-se capazes de gerar Cristo hoje no mundo. Através da Igreja, o Mistério da Encarnação permanece para sempre presente. Cristo continua a caminhar através dos tempos e em todos os lugares.*

O momento final

"Sou simplesmente um peregrino que inicia a última etapa da sua peregrinação nesta terra".

No dia 28 de fevereiro de 2013, o Papa Bento XVI deixou o Vaticano dirigindo-se para o Castel Gandolfo, onde permaneceu durante o Conclave de cardeais que escolheu o novo sucessor de Pedro.

Foi o adeus de Bento XVI que passava a ser Papa emérito, (título inédito). Ele deixou o Vaticano de helicóptero e num voo sobre Roma despediu-se dos fiéis reunidos na grande Praça São Pedro.

Ainda no Vaticano, momentos antes da despedida, por meio do então Twitter, o Papa deixou a seguinte mensagem aos fiéis: *"Obrigado pelo vosso amor e pelo vosso apoio. Coloquem Cristo no centro das vossas vidas"*.

Já em Castel Gandolfo fez uma breve saudação aos fiéis da diocese de Albano.

Era quinta-feira, final de tarde, e do balcão central do Palácio Apostólico foram pronunciadas as últimas palavras de Bento XVI como Papa.

Obrigado! Obrigado a todos vós!

Queridos amigos, sinto-me feliz por estar convosco, rodeado pela beleza da criação e pela vossa simpatia, que me faz muito bem. Obrigado pela vossa amizade, pelo vosso afeto! Sabeis que este meu dia é diferente dos anteriores. Já não sou Sumo Pontífice da Igreja Católica: até às oito horas da tarde, ainda o sou; depois já não. Sou simplesmente um peregrino que inicia a última etapa da sua peregrinação nesta terra. Mas quero ainda, com o meu coração, o meu amor, com a minha oração, a minha reflexão, com todas as minhas forças interiores, trabalhar para o bem comum, o bem da Igreja e da humanidade. E sinto-me muito apoiado pela vossa simpatia. Unidos ao Senhor, vamos para diante a bem da Igreja e do mundo. Obrigado!

Agora, de todo o coração, dou-vos a minha Bênção: "Abençoe-vos Deus todo-poderoso, Pai, Filho e Espírito Santo."

Obrigado! Boa noite! Obrigado a todos vós!

Morre Bento XVI, "humilde trabalhador na vinha do Senhor"

O Papa emérito morreu num sábado, 31 de dezembro 2022.

Eis o Comunicado do diretor da Sala de Imprensa da Santa Sé, Matteo Bruni:

> *"Com pesar, informo que o Papa emérito Bento XVI faleceu hoje às 09h34, no Mosteiro Mater Ecclesiae, no Vaticano. Assim que possível, serão enviadas novas informações."*

Bento XVI tinha 95 anos e vivia no Mosteiro Mater Ecclesiae desde sua renúncia ao ministério petrino, em 2013.

O corpo do Papa emérito foi colocado na Basílica de São Pedro para a saudação dos fiéis na segunda-feira, 2 de janeiro. A Basílica ficou aberta das 09h às 19h. Terça e quarta das 07h às 19h.

O funeral foi na quinta-feira, 5 de janeiro, às 09h30 locais (05h30 no horário de Brasília) na Praça São Pedro, presidido pelo Papa Francisco. Ao final da celebração eucarística, aconteceu a *Ultima Commendatio* e a *Valedictio*. O féretro do Papa emérito foi levado até a Basílica de São Pedro e, dali, à cripta vaticana para a sepultura.

De acordo com o diretor da Sala de Imprensa, Bento XVI recebeu a unção dos enfermos na quarta-feira anterior, dia 28 de dezembro, ao final da missa celebrada no Mosteiro e na presença das *"Memores Domini"*, que durante anos o assistiram diariamente.

Um guia para muitos fiéis

O Papa emérito iluminou a vida de tantas pessoas, disseram muitos dos testemunhos recolhidos pela Rádio Vaticano – a *Vatican News* – no final da cerimônia de suas exéquias. Para a maioria dos fiéis presentes, Bento XVI sempre representou e sempre será um exemplo de humildade, doutrina e retidão. Este – disseram – é seu legado teológico e espiritual. Um guia fundamental, capaz de mostrar grande humanidade tanto para os crentes quanto para os não-crentes. Há aqueles entre os religiosos que enfatizam como Ratzinger foi decisivo no início de sua vocação.

Um patrimônio sobre as verdades de fé

Os últimos atos cumpridos na discrição após a infinita homenagem pública.

Na noite de quarta-feira, 4 de janeiro, depois de estar no centro da peregrinação ininterrupta de mais de 200 mil pessoas à Basílica do Vaticano durante três dias, o corpo de Bento XVI foi colocado em um caixão de cipreste, no qual foram postos o pálio, moedas e medalhas do pontificado e o "Rogito", um texto guardado num cilindro de metal que recorda os traços marcantes da vida e do ministério do Papa emérito, desde o seu nascimento até aos seus últimos dias.

O texto do "Rogito" foi lido pelo mestre das celebrações litúrgicas pontifícias, monsenhor Diego Ravelli. Após o funeral presidido pelo Papa Francisco, o caixão de cipreste foi colocado em um revestimento de zinco e depois em um caixão de madeira para ser, finalmente, tumulado nas Grutas do Vaticano.

A íntegra do "Rogito"

À luz de Cristo ressuscitado dos mortos, no dia 31 de dezembro do Ano do Senhor 2022, às 09h34 da manhã, quando terminava o ano e estávamos prontos para cantar o *Te Deum* pelos múltiplos benefícios concedidos pelo Senhor, o amado Pastor emérito da Igreja, Bento XVI, passou deste mundo ao Pai. Toda a Igreja, junto com o Santo Padre Francisco, em oração acompanhou seu trânsito.

Bento XVI foi o 265º Papa. Sua memória permanece no coração da Igreja e de toda a humanidade.

Joseph Aloisius Ratzinger, eleito Papa em 19 de abril de 2005, nasceu em Marktl am Inn, no território da Diocese de Passau (Alemanha), em 16 de abril de 1927. Seu pai era comissário de polícia e vinha de uma família de agricultores na Baixa Baviera, cujas condições econômicas eram bastante modestas. A mãe era filha de artesãos de Rimsting, no lago Chiem, e antes de se casar trabalhou como cozinheira em vários hotéis.

Passou a infância e a adolescência em Traunstein, pequena cidade perto da fronteira com a Áustria, a cerca de trinta quilômetros de Salzburgo, onde recebeu sua formação cristã, humana e cultural.

O tempo de sua juventude não foi fácil. A fé e a educação da sua família prepararam-no para a dura experiência dos problemas associados ao regime nazista, conhecendo o clima de forte hostilidade para com a Igreja Católica na Alemanha. Nessa situação complexa, ele descobriu a beleza e a verdade da fé em Cristo.

De 1946 a 1951 estudou na Escola Superior de Filosofia e Teologia de Freising e na Universidade de Munique. Em 29 de junho de 1951 foi ordenado sacerdote, iniciando no ano seguinte a atividade docente na mesma Escola de Freising. Posteriormente, foi docente em Bonn, Münster, Tübingen e Regensburg.

Em 1962 tornou-se perito oficial do Concílio Vaticano II, como assistente do Cardeal Joseph Frings. Em 25 de março de 1977, o Papa Paulo VI o nomeou arcebispo de München e Freising e recebeu a ordenação episcopal em 28 de maio do mesmo ano. Como lema episcopal escolheu *"Cooperatores Veritatis"*.

O Papa Montini o criou e o proclamou Cardeal, atribuindo a ele o título de Santa Maria Consolatrice al Tiburtino, no Consistório de 27 de junho de 1977.

Em 25 de novembro de 1981, João Paulo II o nomeou Prefeito da Congregação para a Doutrina da Fé; e em 15 de fevereiro do ano seguinte renunciou ao governo pastoral da Arquidiocese de München und Freising.

Em 6 de novembro de 1998 foi nomeado Vice-Decano do Colégio dos Cardeais e em 30 de novembro de 2002 tornou-se Decano, tomando posse do Título da Igreja Suburbicariana de Ostia.

Na sexta-feira, 8 de abril de 2005, presidiu a Santa Missa fúnebre de João Paulo II na Praça de São Pedro.

Ele foi eleito Papa pelos Cardeais reunidos no Conclave em 19 de abril de 2005, e assumiu o nome de Bento XVI. Da sacada central da Basílica apresentou-se como "humilde trabalhador na vinha do Senhor". No domingo, 24 de abril de 2005, iniciou solenemente o seu ministério petrino.

Bento XVI colocou no centro de seu pontificado o tema de Deus e da fé, na procura contínua da face do Senhor Jesus Cristo e ajudando todos a conhecê-lo, em particular mediante a publicação da obra Jesus de Nazaré, em três volumes. Dotado de vasto e profundo conhecimento bíblico e teológico, teve a extraordinária capacidade de elaborar sínteses iluminadoras sobre os principais temas doutrinários e espirituais, bem como sobre as questões cruciais da vida da Igreja e da cultura contemporânea.

Ele promoveu com sucesso o diálogo com anglicanos, com os judeus e com os representantes de outras religiões; assim como retomou os contatos com os padres da Comunidade São Pio X.

Na manhã de 11 de fevereiro de 2013, durante um Consistório convocado para decisões ordinárias sobre três canonizações, após o voto dos Cardeais, o Papa leu a seguinte declaração em latim: *"Bene conscius sum hoc munus secundum suam essentiam spiritualem non solum agendo et loquendo exerceri debere, sed non minus patiendo et orando. Attamen in mundo nostri temporis rapidis mutationibus subiecto et quaestionibus magni ponderis pro vita fidei perturbato ad navem Sancti Petri gubernandam et ad annuntiandum Evangelium etiam vigor quidam corporis et animae necessarius est, qui ultimis mensibus in me modo tali minuitur, ut incapacitatem meam ad ministerium mihi commissum bene administrandum agnoscere debeam. Quapropter bene conscius ponderis huius actus plena libertate declaro me ministerio Episcopi Romae, Successoris Sancti Petri, mihi per manus Cardinalium die 19 aprilis MMV commisso renuntiare ita ut a die 28 februarii MMXIII, hora 20, sedes Romae, sedes Sancti Petri vacet et Conclave ad eligendum novum Summum Pontificem ab his quibus competit convocandum esse".*

Na última Audiência Geral do pontificado, em 27 de fevereiro de 2013, ao agradecer todos e cada um também pelo respeito e compreensão com que sua decisão foi acolhida, garantiu: "Continuarei a acompanhar o caminho da Igreja com a oração e a reflexão, com aquela dedicação ao Senhor e à sua Esposa que tenho procurado viver até agora todos os dias e que gostaria de viver sempre".

Após uma breve permanência na residência de Castel Gandolfo, viveu os últimos anos de sua vida no Vaticano, no mosteiro *Mater Ecclesiae*, dedicando-se à oração e à meditação.

O magistério doutrinal de Bento XVI está sintetizado nas três Encíclicas *Deus caritas est* (25 de dezembro de 2005), *Spe salvi* (30 de novembro de 2007) e *Caritas in veritate* (29 de junho de 2009). Entregou à Igreja quatro Exortações Apostólicas, numerosas Constituições Apostólicas, Cartas Apostólicas, bem como as Catequeses propostas nas Audiências Gerais e as alocuções, inclusive as pronunciadas durante as vinte e quatro viagens apostólicas que realizou pelo mundo.

Diante do relativismo crescente e do ateísmo prático sempre mais difundido, em 2010, com o *motu proprio Ubicumque et sempre*, instituiu o Pontifício Conselho para a Promoção da Nova Evangelização, para o qual em janeiro de 2013 transferiu as responsabilidades no campo da catequese.

Lutou firmemente contra os crimes cometidos por representantes do clero contra menores ou pessoas vulneráveis, chamando continuamente a Igreja à conversão, à oração, à penitência e à purificação.

Como teólogo de reconhecida autoridade, deixou um rico patrimônio de estudos e pesquisas sobre as verdades fundamentais da fé.

CORPUS
BENEDICTI XVI P.M.
VIXIT A. XCV M. VIII D. XV
ECCLESIÆ UNIVERSÆ PRÆFUIT A. VII M. X D. IX

A D. XIX M. APR. A. MMV AD D. XXVIII M. FEB. A. MMXIII
DECESSIT DIE XXXI M. DECEMBRIS ANNO DOMINI
MMXXII

Semper in Christo vivas, Pater Sancte!

O testamento espiritual de Bento XVI

O agradecimento a Deus, a lembrança da família, da Alemanha e da segunda pátria, a Itália, constam no testamento espiritual de Bento XVI, que não deixa de ser também uma pequena aula de Teologia, com uma certeza: "Jesus Cristo é realmente o caminho, a verdade e a vida — e a Igreja, com todas as suas insuficiências, é realmente o Seu corpo".

Bento XVI deixou escrito o seu testamento espiritual com a data de 29 de agosto de 2006.

O meu testamento espiritual

Se a esta hora tardia da minha vida olho para trás, para as décadas que percorri, vejo em primeiro lugar quantas razões tenho para agradecer. Antes de mais nada, dou graças ao próprio Deus, dispensador de todas as boas dádivas, que me concedeu a vida e me orientou através de vários momentos de confusão; reerguendo-me sempre, cada vez que começava a escorregar e doando-me sempre de novo a luz do seu rosto. Em retrospectiva, vejo e compreendo que até as fases obscuras e cansativas deste caminho foram para a minha salvação e que foi precisamente nelas que Ele me guiou bem.

Agradeço aos meus pais, que me deram a vida num momento difícil e que, à custa de grandes sacrifícios, com o seu amor, me prepararam um magnífico lar que, como uma luz clara, ilumina todos os meus dias até hoje. A fé lúcida do meu pai ensinou-nos, a nós filhos, a acreditar e, como sinal indicador, foi sempre firme no meio de todas as minhas realizações científicas; a profunda devoção e a grande bondade da minha mãe representam uma herança pela qual nunca poderei agradecer-lhe o suficiente. A minha irmã assistiu-me durante décadas abnegadamente e com carinho; o meu irmão, com a lucidez dos seus juízos, a sua vigorosa determinação e serenidade de coração, sempre me preparou o caminho; sem este seu contínuo preceder-me e acompanhar-me, eu não teria conseguido encontrar o caminho certo.

Dou graças a Deus de coração pelos muitos amigos, homens e mulheres, que Ele sempre colocou ao meu lado; pelos colaboradores em todas as etapas do meu caminho; pelos mestres e alunos que Ele me concedeu. Confio todos eles com gratidão à sua bondade. E quero dar graças ao Senhor pela minha bela pátria nos pré-Alpes bávaros, onde sempre vi transparecer o esplendor do próprio Criador. Agradeço ao povo da minha pátria, porque nele experimentei sempre de novo a beleza da fé. Rezo a fim de que a nossa terra permaneça uma terra de fé e peço-vos, amados compatriotas: não vos deixeis desviar da fé. E, por fim, dou graças a Deus por toda a beleza que pude experimentar em cada uma das etapas do meu caminho, mas especialmente em Roma e na Itália, que se tornou a minha segunda pátria.

A todos aqueles aos quais de algum modo fiz uma afronta, de coração, peço perdão.

Aquilo que eu disse antes aos meus compatriotas, digo-o agora a todos aqueles que, na Igreja, foram confiados ao meu serviço: permanecei firmes na fé! Não vos deixeis confundir! Muitas vezes parece que a ciência — por um lado, as ciências naturais, e por outro a investigação histórica (em particular a exegese da Sagrada Escritura) — é capaz de oferecer resultados irrefutáveis, em oposição à fé católica. Vivi as transformações das ciências naturais desde há muito tempo, e pude constatar que, ao contrário, as certezas aparentes contra a fé desapareceram, demonstrando que não eram ciência, mas interpretações filosóficas só aparentemente imputáveis à ciência; assim como, de resto, é no diálogo com as ciências naturais que também a fé aprendeu a compreender melhor o limite do alcance das suas afirmações e, portanto, a sua especificidade. Há já sessenta anos que acompanho o caminho da Teologia, em particular das Ciências bíblicas, e com a sucessão das várias gerações vi desabar teses que pareciam inabaláveis, demonstrando que eram simples hipóteses: a geração liberal (Harnack, Jülicher, etc.), a geração existencialista (Bultmann, etc.), a geração marxista. Vi e vejo que do emaranhado de hipóteses surgiu e sobressai novamente a sensatez da fé. Jesus Cristo é verdadeiramente o caminho, a verdade e a vida — e a Igreja, com todas as suas insuficiências, é verdadeiramente o seu corpo.

Concluindo, peço humildemente: orai por mim, de tal modo que o Senhor, apesar de todos os meus pecados e insuficiências, me receba nas moradas eternas. A todos aqueles que me são confiados, dia após dia, dirijo de coração a minha prece.

Benedictus PP XVI

Um humilde trabalhador

A humildade de Bento XVI comove, mas não surpreende, porque é bem essa a virtude que sempre o caracterizou, como o mundo pôde apreciar das primeiras palavras pronunciadas depois da eleição como Sucessor de Pedro, em 19 de abril de 2005.

"Queridos irmãos e irmãs, depois do grande Papa João Paulo II, os senhores cardeais me elegeram, um simples e humilde trabalhador na vinha do Senhor. Consola-me o fato de que o Senhor sabe trabalhar e agir também com instrumentos insuficientes. E, sobretudo, confio nas suas orações. Na alegria do Senhor ressuscitado, confiantes do seu apoio permanente, vamos em frente. O Senhor nos ajudará, e Maria, Sua Santíssima Mãe, está do nosso lado".

Um trabalhador humilde a quem a coragem não faltou. "O pastor moderado e firme" enfrentou com excepcional determinação alguns escândalos que surgiram na Igreja, como a terrível ferida dos abusos sexuais em menores por parte de membros do clero. Bento XVI foi o primeiro Pontífice que encontrou as vítimas desse crime horrível: e o fez sem alarde, longe dos refletores, em Malta, nos Estados Unidos, na Austrália e no Reino Unido.

Dispôs novas regras que asseguram "tolerância zero" àqueles que se mancham desse delito. E, no Ano Sacerdotal, há 150 anos da morte do Cura d'Ars, evocou uma nova transparência. As suas palavras têm a força de uma profecia:

"Devemos encontrar uma nova resolução na fé e no bem. Devemos ser capazes de penitência. Devemos nos esforçar para tentar tudo o que for possível, na preparação do sacerdócio,

para que uma coisa semelhante não aconteça mais. Mas, este também é o lugar para agradecer de coração todos aqueles que se comprometem em ajudar as vítimas e em dar, novamente a elas, a confiança na Igreja, na capacidade de acreditar na sua mensagem".[3]

O diálogo ecumênico merece destaque especial. O Papa Bento recolhe frutos importantes: encontrou-se várias vezes com o Patriarca de Constantinopla, Bartolomeu I, e abriu uma nova fase de relações com o Patriarcado Ortodoxo de Moscou.

Altamente simbólica foi a visita a Erfurt, no convento agostiniano de Martinho Lutero, e o encontro em Londres com Rowan Williams, da Comunidade Anglicana.

Enfim, todas as 24 viagens internacionais de Bento XVI deixam um sinal: daquele comovente no Líbano, onde encontrou-se com jovens sírios refugiados, àquele histórico em Nova Iorque, onde rezou no Ground Zero e falou às Nações Unidas. De Camarões ao Brasil, da Austrália a Cuba, o Papa visitou nos seus 8 anos de Pontificado todos os 5 continentes geográficos.

Em Auschwitz

É difícil escolher um momento entre tantos do seu Pontificado, mas, claramente a visita de um Papa, "filho da Alemanha" ao campo de concentração de Auschwitz-Birkenau, tem um valor extraordinário:

---

[3] Discurso do Papa Bento XVI, por ocasião da troca de votos natalícios com a Cúria Romana, 20 de dezembro de 2010.

"O Papa João Paulo II veio aqui como filho do povo polonês. Eu estou aqui hoje como filho do povo alemão e, justamente por isso, devo e posso dizer como ele: não podia não vir aqui. Tinha que vir. Era e é um dever perante a verdade e ao direito de tantos que sofreram, um dever diante de Deus, de estar aqui como sucessor de João Paulo II e como filho do povo alemão".[4]

"Colaborador da Verdade", como diz o seu lema episcopal, Papa Bento é também testemunha de Caridade. Os cristãos perseguidos em tantos lugares do mundo encontraram nele um baluarte seguro. Foi o primeiro Pontífice a falar de "cristianofobia" e a denunciar as violações da liberdade religiosa.

No Brasil, encontrou-se com jovens toxicodependentes da Fazenda da Esperança. Na Jordânia, nos Estados Unidos e na Espanha visita os portadores de deficiência dos centros de assistência. Gestos que enaltecem como, aos olhos de Deus, cada pessoa é única e preciosa.

Além das três Encíclicas, o Papa publicou também 4 Exortações Apostólicas pós-sinodais e 13 *Motu Proprio*, entre eles, o *Summorum Pontificum* – sobre a liturgia – e a histórica carta dirigida aos católicos chineses, de 2007.

Inovador é o seu livro-entrevista *Luz do mundo*, em que oferece a sua visão a 360º sobre os desafios da Igreja, e a trilogia sobre Jesus de Nazaré – um *best seller* mundial, no qual Joseph Ratzinger oferece a sua pesquisa de crente sobre a figura histórica de Jesus.

Mas o surpreendente é, sobretudo, a convicção com a qual o teólogo Bento se encaminha pelas estradas da comunicação,

---

[4] Viagem Apostólica do Papa Bento XVI à Polónia. Discurso do Santo Padre durante a visita ao Campo de Concentração de Auschwitz-Birkenau. Domingo, 28 de maio de 2006.

inexploradas por um Papa. Por ocasião da Jornada Mundial da Juventude (JMJ), enviou mensagens *SMS* aos jovens do mundo inteiro, conectando-se via satélite com os astronautas de uma estação espacial e assinando um editorial para o *Financial Times*.

Sobretudo, encorajou a mídia católica e vaticana a evangelizar o "continente digital". E deu o bom exemplo abrindo, em 2012, a conta no Twitter, @pontifex:

> *"Hoje somos chamados a descobrir, também na cultura digital, símbolos e metáforas significativas para as pessoas que possam ser de ajuda ao falar do Reino de Deus ao homem contemporâneo."* [5]

A família foi um dos temas que mais importaram ao Papa, que via com particular atenção os casais feridos, de quem viveu o drama de uma separação. Significativas também, considerando o caminho sinodal sucessivo, a pedido de Francisco, as palavras que Bento XVI pronunciou no Encontro Mundial das Famílias, em Milão, em 2012:

> *"Considero grande tarefa duma paróquia, duma comunidade católica, fazer todo o possível para que elas sintam que são amadas, acolhidas, que não estão 'fora', apesar de não poderem receber a absolvição nem a Comunhão: devem ver que mesmo assim vivem plenamente na Igreja".* [6]

Uma Igreja que Bento XVI serviu por toda a sua vida, desde jovem e brilhante teólogo até como Sucessor de Pedro, tendo

---

[5] Discurso do Papa Bento XVI aos participantes na Assembleia Plenária do Pontifício Conselho para as Comunicações Sociais. Sala Clementina, segunda-feira, 28 de fevereiro de 2011.

[6] Visita Pastoral à Arquidiocese de Milão e VII Encontro Mundial das Famílias, 1-3 de junho de 2012. Festa dos Testemunhos. Discurso do Papa Bento XVI, Parque de Bresso, sábado, 2 de junho de 2012.

sempre como "bússola" o Concílio Vaticano II que – e são palavras suas – *"permite à barca da Igreja fazer-se ao largo, no meio de tempestades ou de ondas calmas e tranquilas, para navegar com segurança e chegar à meta"*.[7]

Bento XVI nos deixou um legado que devemos conservar, aprofundar e utilizar. Vamos recordar nas próximas páginas alguns de seus pensamentos que podem nos ajudar a caminhar nesta terra como peregrinos em direção da meta final, a vida eterna.

Agradeço, de modo especial, ao cardeal Odilo Pedro Scherer, arcebispo de São Paulo, pelo prefácio deste livro; ao cardeal Orani João Tempesta, arcebispo do Rio de Janeiro, pela introdução ao tema da Fé; e a dom Jaime Spengler, arcebispo de Porto Alegre, presidente da CNBB (Conferência Nacional dos Bispos do Brasil) e presidente do CELAM, (Conselho Episcopal Latino-Americano). Um muito obrigado ao Instituto Redemptor, na pessoa do padre Omar Raposo pelo apoio a esta obra; ao Pe. Renato Andrade, da Diocese de Petrópolis (RJ), pela introdução à temática de crer em Jesus Cristo, e à Ziza Fernandes, que cedeu a música para a gravação dos textos de Bento XVI.

Que você tenha uma boa leitura!

Silvonei José Protz

---

[7] Audiência Geral, Praça de São Pedro. Quarta-feira, 10 de outubro de 2012.

© Vatican Media

*A fé constitui um estímulo a
procurar sempre,
a nunca parar nem se contentar
com a descoberta inesgotável
da verdade e da realidade".[8]*

---

[8] Audiência Geral, Sala Paulo VI. Quarta-feira, 21 de novembro de 2012.

Capítulo 1

BENTO XVI
E A FÉ

Relembrar o Papa Bento XVI e voltar a alguns aspectos do seu pensamento é sempre uma dinâmica revigorante para a Igreja. Daí a oportuna iniciativa do Silvonei José de publicar este livro, que reúne impressões de diversos autores sobre o grande pontífice.

A rica trajetória desse homem o tornou, sem dúvida alguma, um ícone da Teologia dos séculos XX e XXI. Ele foi um dos jovens peritos do memorável Concílio Vaticano II (1962-1965), nele atuando muito diretamente, de um modo especial na confecção de dois importantes documentos: a *Lumen Gentium* (Luz dos Povos), sobre a Igreja, e *Ad Gentes* (Aos Pagãos), sobre a atividade missionária da Igreja entre pessoas que desconhecem a fé cristã.

Neste início de capítulo, destaco abordagens do Papa emérito sobre a fé, voltadas para a realidade do nosso tempo, repleto de indiferentismo religioso ou insubordinação do homem a Deus. Os pontos de sua fala sempre podem levar as pessoas à reflexão. De resto, eles deixam ver nas entrelinhas – ao contrário do que alguns podem pensar e até alardear – a continuidade nos magistérios de São João Paulo II, o dele próprio e, agora, o de Francisco.

O que é a fé e como se chega a crer? – Esta pergunta é central na vida humana e merece muita atenção. Pois bem.

Bento XVI a responde valendo-se da face dupla, mas complementar da fé, ou seja, o *eu* e o *nós*, o individual e o comunitário. Ele escreve:

> "*A* fé é um contato profundamente pessoal com Deus, que atinge o meu tecido mais íntimo e me põe diante do Deus vivente em absoluta imediação, isto é, de maneira que eu lhe possa falar, amá-Lo, entrar em comunhão com Ele. Mas, ao mesmo tempo, es*sa realidade extremamente pessoal está inseparavelmente relacionada com a comunidade: introduz-me no nós dos filhos de Deus, na comunidade peregrina dos irmãos e das irmãs*".[9]

O encontro com Deus significa, também, ao mesmo tempo, que eu mesmo sou aberto, arrancado à minha solidão fechada e acolhido na comunidade viva da Igreja. Ela é também mediadora do meu encontro com Deus, que, contudo, chega ao meu coração de maneira totalmente pessoal.

Vê-se, assim, que a fé não é algo meramente cego e sentimental, como se todo ser humano tivesse de crer em alguma coisa sem saber bem o que é. Ao contrário, há de crer em algo que também a inteligência possa reconhecer. Embora não seja

---

[9] LIBANORI, Daniel. **Por meio da fé: Doutrina da justificação e experiência de Deus na pregação da Igreja e nos Exercícios Espirituais.** Cinisello Balsamo: Edizioni San Paolo, 2016. (Entrevista com o Papa emérito Bento XVI, feita pelo jesuíta Jacques Servais). *In:* **L'Osservatore Romano**, 16/abr/2016. Trad. **Moisés Sbardelotto, pp. 6-8.**

fruto de uma intelectualidade fria, também não pode ser fruto da mera confiança ou dos afetos do homem e da mulher. À fé se aplica a inteligência, faculdade mais nobre do ser humano, a tentar entender Deus, o objeto mais elevado e perfeito que podemos conhecer em nossa vida de peregrinos deste mundo em demanda da pátria definitiva.

A fé não se move pela verdade intrínseca (evidência), mas, sim, pela verdade extrínseca. Cremos porque nos apoiamos em Deus – e Ele é digno de crédito naquilo que revela a cada um de nós. Ele não se engana nem engana as suas criaturas. A fé é um ato livre, um assentimento do homem ao seu Criador. Crer é um ato nobre do ser humano, dada a nobreza do objeto em questão, o próprio Deus.

Afirma, ainda, Bento XVI que a fé é uma resposta pessoal a Deus ("eu quero crer"), mas não há de ser vivida individualmente, e, sim, na Comunidade-Igreja, mediadora do meu encontro com Deus. Aqui entramos na Eclesiologia com uma pergunta decisiva: como alguém passa a fazer parte da Igreja visível? – Pelo sacramento do Batismo. Instituído por Cristo (cf. Mt 28,18-20; Mc 16,15-16), ele é a porta de entrada no plano da graça ou da vida sobrenatural (além da natureza). Pelo Batismo, o cristão morre sacramentalmente para o pecado e ressurge para a vida nova em Cristo. Ninguém entra na Igreja com "um ato burocrático, mas mediante o sacramento"[10], relembra o Papa emérito.

Por isso se diz que o Batismo se dá *já* no momento do derramamento da água na cabeça de quem é batizado, criança ou adulto, *mas ainda não* se deu por inteiro, pois dependerá de como cada um viverá a graça batismal ao longo de sua vida. Quem a cada dia se esforça, não obstante as quedas, para fazer viver em si o novo

---

[10] Idem. Ibidem.

homem, Cristo, e morrer o velho homem, Adão, por renúncia ao mal e pela prática do bem, está vivendo de modo coerente o seu Batismo. Ele é vida nova e divina aos filhos e filhas de Deus.

Ora, a Igreja, mediante sua doutrina e seus demais sacramentos, ajuda cada um a bem viver o seu Batismo e, por conseguinte, chegar à plena união com Deus. Ela não se faz por si mesma, como destaca Bento XVI, ela é mais do que uma comunidade humana. É o Corpo místico de Cristo prolongado ao longo da história (cf. Cl 1,24; 1Cor 12,12-21), e nos acompanha por toda a nossa vida entregando-nos, se em nossa liberdade não nos desviarmos d'Ela, ao Pai celeste, no fim de nossa caminhada terrena.

Continuemos, pois, esta reflexão dando a palavra a Bento XVI, que nos diz:

> *"Para o homem de hoje, em relação ao tempo de Lutero e à perspectiva clássica da fé cristã, num certo sentido as coisas se inverteram, ou seja, o homem já não pensa que precisa da justificação diante de Deus, mas o seu parecer é que Deus se deve justificar devido a quanto há de horrendo no mundo e a miséria do ser humano, todas coisas que, em última análise, dependeriam dele".*[11]

Pensa-se, então, que "Cristo não teria sofrido pelos pecados dos homens, mas ao contrário teria, por assim dizer, cancelado as culpas de Deus". Entra em foco aqui uma disciplina filosófico-teológica, a Teodiceia (*Theos* = Deus / *Dike* = justificativa). Trata, entre outros pontos, de justificar a existência de Deus ante o mal no mundo.

---

[11] Idem. Ibidem.

Proposto, em linhas gerais, o debate primeiro sobre a justificação do homem diante de Deus, tendo em conta, sobretudo, a Idade Moderna, passemos ao segundo ponto abordado por Bento XVI, que é a inversão de valores: se naquele tempo, o debate versava mais sobre como o ser humano se justifica diante de Deus, hoje é Deus quem deve – pensa-se – justificar-se diante do homem, especialmente frente aos males que há no mundo. Como pode um Deus bondoso permitir tantos sofrimentos? Cristo morreu na Cruz para salvar os homens ou a fim de cancelar as culpas de Deus pelas falhas do mundo?

Em resposta, dizemos que essa inversão de posições foi muito bem entendida pelo Papa emérito. O ser humano se coloca, indevidamente, é óbvio, no lugar de Deus e O julga pelos males do mundo. Ora, antes do mais, é preciso notar duas coisas: a) A tese não é nova, mas retomada do Antigo Testamento. Ali, ante os sofrimentos da humanidade, os escritores bíblicos se queixavam com Deus que lhes parecia ausente (cf. Hab 1,2-4; Jr 12,1-4; Sl 73 e Ml 2,17); b) Um Deus que pudesse ser julgado não seria Deus. Seria mais coerente não crer em Deus, a Perfeição por excelência, do que acreditar em um Deus falho que pudesse ser censurado pelos seres humanos.

Pelos textos selecionados, nota-se que, a par de sua imensa capacidade intelectual, Bento XVI mostrava-se atualizado quanto ao que se discutia não só no mundo acadêmico, mas no dia a dia da humanidade. Era um homem aberto às questões do mundo para as quais procurou formular respostas à luz da razão e da fé, defendendo com firmeza a verdade, à qual jamais renunciou.

O eloquente testemunho de fé do Papa Bento XVI deve ser continuamente louvado, seguido e reverenciado. Sua vida e missão foram marcadas por seu grande amor a Cristo e à Igreja, à qual serviu como "simples e humilde trabalhador na vinha do Senhor", conforme ele mesmo se definiu.

Devem ressoar em nossos corações as palavras do seu testamento espiritual: *"Permanecei firmes na fé! Não vos deixeis confundir! Jesus Cristo é verdadeiramente o caminho, a verdade e a vida – e a Igreja, com todas as suas dificuldades, é verdadeiramente o Seu Corpo"*. Para mim são também profundas as palavras do ministério do Papa Bento XVI: *"Cooperatores veritatis!"*. Sempre busquemos ser, com Cristo, cooperadores da Verdade do Evangelho!

A obra e o pontificado de Bento XVI continuarão sendo reverenciados como um dos maiores tesouros teológicos e pastorais de todos os tempos, belo sinal e exemplo que continua fecundando a Igreja e nos ajudando a buscar o rosto sereno e radioso do Senhor Ressuscitado.

Orani João Cardeal Tempesta, O.Cist.
Arcebispo Metropolitano de São Sebastião do Rio de Janeiro

Estudioso da Igreja e homem de muita fé, o Papa Bento XVI sempre conduziu seus discursos fundamentados nas questões teológicas e na realidade vivida pelo povo de Deus. A seguir, você vai acompanhar trechos escritos por esse peregrino e bom pastor, sobre este tema.

1.
A primeira graça que recebemos é a fé

Quando lemos: *"No princípio já existia o Verbo, e o Verbo estava com Deus, e o Verbo era Deus"* (Jo 1, 1), o Evangelista — tradicionalmente comparado com uma águia — eleva-se acima da história humana perscrutando a profundidade de Deus; mas muito cedo, seguindo o seu Mestre, regressa à dimensão terrena dizendo: *"E o Verbo fez-se homem"* (Jo 1, 14). O Verbo é *"uma realidade vivente: um Deus que... se comunica tornando-se Ele próprio Homem"* (J. Ratzinger, Teologia da liturgia, LEV 2010, 618). Com efeito, João afirma: *"Ele veio habitar no meio de nós e nós contemplamos a Sua glória"* (Jo 1, 14). *"Ele se abaixou para assumir a humildade da nossa condição* — explica São Leão Magno — *sem que fosse diminuída a sua majestade"*. (Tractatus XXI, 2, CCL 138, 86-87). Lemos ainda no Prólogo: *"Da Sua plenitude é que todos nós recebemos, graça sobre graça"* (Jo 1, 16). Qual é a primeira graça que recebemos? — questiona-se santo Agostinho e responde — "É a fé". A segunda graça, logo acrescenta, é *"a vida eterna"* (Tractatus in Ioh. III, 8.9, CCL 36, 24.25).

Angelus, Praça São Pedro, 2 de janeiro de 2011.

2.
O valor da constância e da paciência

"Sede, pois, pacientes, irmãos, até à vinda do Senhor" (Tg 5, 7). Parece-me muito importante, nos dias de hoje, ressaltar o valor da constância e da paciência, virtudes que pertenciam à bagagem normal dos nossos pais, mas que hoje são menos populares, num mundo que exalta bastante a mudança e a capacidade de se adaptar a situações sempre novas e diversas. Sem de nada privar estes aspectos, que são também qualidades do ser humano, o Tempo do Advento chama-nos a incrementar aquela tenacidade interior, aquela resistência do ânimo que nos permitem não desesperar na expectativa de um bem que demora para chegar, mas a esperá-lo, aliás, a preparar a sua vinda com confiança laboriosa. *"Vede como o lavrador* — escreve São Tiago — *aguarda o precioso fruto da terra e tem paciência até receber a chuva temporã e a tardia. Tende, também vós, paciência e fortalecei os vossos corações, porque a vinda do Senhor está próxima"* (Tg 5, 7-8). A comparação com o agricultor é muito expressiva: quem semeou no campo, tem diante de si alguns meses de espera paciente e constante, mas sabe que a semente, entretanto realiza o seu percurso, graças à chuva do outono e da primavera. O agricultor não é fatalista, mas é modelo de uma mentalidade que une de modo equilibrado a fé e a razão, porque, por um lado, conhece as leis da natureza e realiza bem o seu trabalho, e, por outro, confia na Providência, porque algumas coisas fundamentais não estão nas suas mãos, mas nas mãos de Deus. A paciência e a constância são precisamente sínteses entre o compromisso humano e a confiança em Deus.

Angelus, Praça São Pedro, 12 de dezembro 2010.

3.
Na oração e na adoração Deus encontra o homem

De que modo podemos encontrar o Senhor e tornar-nos cada vez mais suas testemunhas autênticas? São Máximo de Turim afirma: *"Todo aquele que quiser alcançar o Salvador, primeiro deve situá-lo com a própria fé à direita da divindade e colocá-lo com a persuasão do coração no céu"* (Sermo XXXIX a, 3: CCL 23, 157), ou seja, deve aprender a dirigir constantemente o olhar da mente e do coração para a altura de Deus, onde está Cristo ressuscitado. Portanto, na oração, na adoração Deus encontra o homem. O teólogo Romano Guardini observa que *"a adoração não é um acessório, nem é secundária... trata-se do interesse último, do sentido e do ser. Na adoração o homem reconhece aquilo que vale em sentido puro, simples e santo"* (La Pasqua, Meditazioni, Bréscia, 1995, p. 62). Só se soubermos dirigir-nos a Deus, rezar-Lhe, poderemos descobrir o significado mais profundo da nossa vida, e o caminho cotidiano é iluminado pela luz do Ressuscitado.

Regina Cæli, Castel Gandolfo, 25 de abril de 2011.

4.
Jesus "tinha sede da fé daquela mulher"

A mulher [samaritana] ia todos os dias tirar água de um antigo poço, que remontava ao patriarca Jacó, e naquele dia encontrou ali Jesus, sentado, *"cansado da viagem"* (Jo 4, 6). Santo Agostinho comenta: *"Não é sem motivo que Jesus se cansa... A força de Cristo criou-te, a debilidade de Cristo voltou a criar-te... Com a sua força criou-nos, com a sua debilidade veio à nossa procura"* (In Ioh. Ev., 15, 2). A fadiga de Jesus, sinal da sua verdadeira humanidade, pode ser vista como um prelúdio da paixão, com a qual Ele completou a obra da nossa redenção. Sobretudo, no encontro com a samaritana no poço, sobressai o tema da "sede" de Cristo, que culmina com o seu grito na cruz: *"Tenho sede"* (Jo 19, 28). Esta sede, como o cansaço, tem uma base física. Mas Jesus, como diz ainda Agostinho, *"tinha sede da fé daquela mulher"* (In Ioh. Ev. 15, 11), assim como da fé de todos nós. Deus Pai enviou-o para saciar a nossa sede de vida eterna, concedendo-nos o seu amor, mas para nos oferecer esta dádiva, Jesus pede-nos a nossa fé. A onipotência do Amor respeita sempre a liberdade do homem; bate à porta do seu coração e aguarda com paciência a sua resposta

Angelus, Praça São Pedro, 27 de março de 2011.

5.
Todos queremos a "vida bem-aventurada", a felicidade

A fé cristã é também para os homens de hoje uma esperança que transforma e ampara a sua vida (*Spe salvi*, 10)? E mais radicalmente: os homens e as mulheres desta nossa época ainda desejam a vida eterna? Ou tornou-se, porventura, a existência terrena o seu único horizonte? Na realidade, como já observava Santo Agostinho, todos queremos a *"vida bem-aventurada"*, a felicidade, queremos ser felizes. Não sabemos bem o que seja e como seja, mas sentimo-nos atraídos por ela. Esta é uma esperança universal, comum aos homens de todos os tempos e lugares. A expressão *"vida eterna"* pretende dar um nome a esta expectativa insuprimível: não uma sucessão infinita, mas o imergir-se no oceano do amor infinito, no qual o tempo, o antes e o depois já não existem. Uma plenitude de vida e de alegria: é isto que esperamos e aguardamos do nosso ser com Cristo (*Spe salvi*, 12).

Angelus, Praça São Pedro, 2 de novembro de 2008.

6.
A esperança cristã não é apenas individual, é sempre também esperança para os outros

"*Ressuscitei e agora estou sempre contigo*", diz o Senhor, e a minha mão ampara-te. Onde quer que tu caias, cairás nas minhas mãos e estarei presente até na porta da morte. Onde mais ninguém te pode acompanhar e para onde nada podes levar, lá eu espero por ti para transformar para ti as trevas em luz. Mas a esperança cristã não é apenas individual, é sempre também esperança para os outros. As nossas existências estão profundamente ligadas umas às outras e o bem e o mal que cada qual pratica atinge sempre também os outros. Assim a oração de uma alma peregrina no mundo pode ajudar outra alma que se está a purificar depois da morte. Eis por que a Igreja nos convida a rezar pelos nossos queridos defuntos e a visitar os seus túmulos nos cemitérios. Maria, estrela da esperança, torne mais forte e autêntica a nossa fé na vida eterna e ampare a nossa oração de sufrágio pelos irmãos defuntos.

Angelus, Praça São Pedro, 2 de novembro de 2008.

7.
A fé na Providência não dispensa da luta cansativa por uma vida digna

Assim se expressa o Mestre: *"Não vos preocupeis dizendo: 'que comeremos nós, que beberemos ou que vestiremos'? Os pagãos, estes sim, afadigam-se com tais coisas; porém, o vosso Pai celeste bem sabe que tendes necessidade de tudo isso".* Perante a situação de tantas pessoas, próximas e distantes, que vivem na miséria, este discurso de Jesus poderia parecer pouco realista, ou até evasivo. Na realidade, o Senhor deseja fazer compreender com clareza que não se pode servir a dois senhores: a Deus e à riqueza. Quem crê em Deus, Pai cheio de amor pelos seus filhos, põe em primeiro lugar a busca do seu Reino, da sua vontade. E isto é precisamente o contrário do fatalismo ou de um irenismo ingênuo. De fato, a fé na Providência não dispensa da luta cansativa por uma vida digna, mas livra da ansiedade pelas coisas e do medo do futuro. É claro que este ensinamento de Jesus, mesmo permanecendo sempre verdadeiro e válido para todos, é praticado de modos diversos de acordo com as várias vocações: um frade franciscano poderá segui-lo de modo mais radical, enquanto um pai de família deverá ter em conta os próprios deveres para com a esposa e os filhos. Contudo, o cristão distingue-se pela absoluta confiança no Pai Celeste, como foi para Jesus. É precisamente a relação com Deus Pai que dá sentido a toda a vida de Cristo, às suas palavras, aos seus gestos de salvação, até à sua paixão, morte e ressurreição. Jesus demonstrou-nos o que significa viver com os pés bem firmes no chão, atentos às situações concretas do próximo, e ao mesmo tempo tendo sempre o coração no Céu, imerso na misericórdia de Deus.

Angelus, Praça São Pedro, 27 de fevereiro de 2011.

8.
Quem crê não está mais sozinho

A fé é simples. Cremos em Deus, princípio e fim da vida humana. Naquele Deus que entra em relação conosco, seres humanos, que é para nós origem e futuro. Assim a fé, contemporaneamente, é sempre também esperança, é a certeza de que nós temos um futuro e não cairemos no vazio. E a fé é amor, porque o amor de Deus nos quer "contagiar". Esta é a primeira coisa: nós simplesmente cremos em Deus, e isto traz consigo também a esperança e o amor. Como segunda coisa podemos constatar: o Credo não é um conjunto de sentenças, não é uma teoria. Está precisamente ancorado no acontecimento do Batismo num acontecimento de encontro de Deus com o homem. Deus, no mistério do Batismo, inclina-se sobre o homem; vem ao nosso encontro e deste modo aproxima-nos entre nós. Porque o Batismo significa que Jesus Cristo, por assim dizer, nos adota como seus irmãos e irmãs, acolhendo-nos assim como filhos na família do próprio Deus.

Viagem apostólica à Baviera:
Missa em Regensburg, 12 de setembro de 2006.

9.
Se Deus não existe, a vida é vazia, o futuro é vazio

Ouçamos uma vez mais a palavra de Isabel, completada no *Magnificat* de Maria: *"Bendita aquela que acreditou"*. O primeiro e fundamental ato para se tornar morada de Deus e para assim encontrar a felicidade definitiva é crer, é a fé, a fé em Deus, naquele Deus que se manifestou em Jesus Cristo e que se faz sentir na palavra divina da Sagrada Escritura. Crer não significa acrescentar uma opinião às outras. E a convicção, a fé que Deus existe não é uma informação como as outras. Sobre muitas informações, pouco nos importa se são verdadeiras ou falsas, pois não mudam a nossa vida. Mas se Deus não existe, a vida é vazia, o futuro é vazio. E se Deus existe, tudo se transforma, a vida é luz, o nosso futuro é luz e temos a orientação para a nossa vida. Por isso, acreditar constitui a orientação fundamental da nossa vida. Crer, dizer: *"Sim, acredito que Vós sois Deus, creio que no Filho encarnado Vós estais presente no meio de nós"*, orienta a minha vida, impelindo-me a apegar-me a Deus, a unir-me a Deus e assim a encontrar o lugar onde viver e o modo como viver. E crer não é apenas um tipo de pensamento, uma ideia; é, como já dissemos, um agir, um estilo de vida. Acreditar significa seguir as indicações que nos foram deixadas pela Palavra de Deus.

Homilia em Castel Gandolfo, 15 de agosto de 2006.

10.
Na fé encontramos a única garantia da nossa estabilidade

A fidelidade de Deus é a chave e a fonte da nossa fidelidade. No contexto bíblico, a fidelidade é primariamente um atributo divino: Deus dá-Se a conhecer como Aquele que é fiel para sempre à aliança concluída com o seu povo, não obstante a infidelidade deste. Fiel como é, Deus garante que levará a cumprimento o seu desígnio de amor, e por isso Ele é também credível e verdadeiro. Este comportamento divino é que cria no homem a possibilidade de, por sua vez, ser fiel. Aplicada ao homem, a virtude da fidelidade está profundamente ligada ao dom sobrenatural da fé, tornando-se expressão daquela solidez própria de quem fundou toda a sua vida em Deus. De fato, a única garantia da nossa estabilidade está na fé (Is 7, 9b), e só a partir dela podemos, por nossa vez, ser verdadeiramente fiéis: primeiro a Deus, depois à sua família, a Igreja, que é mãe e mestra, e nela à nossa vocação, à história na qual o Senhor nos colocou.

Discurso à Comunidade da Pontifícia Academia Eclesiástica,
11 de junho de 2012.

11.
Vivendo a verdade, a verdade torna-se vida

A profissão da fé não é simplesmente algo a compreender, uma realidade intelectual, uma coisa a memorizar — sem dúvida, é também isto — mas diz respeito inclusive ao intelecto, refere-se principalmente ao nosso viver. E isto parece-me muito importante. Não é algo intelectual, uma simples fórmula. É um diálogo de Deus conosco, uma obra de Deus conosco e uma resposta nossa, é um caminho. A verdade de Cristo só se pode compreender se se entende o seu caminho. Só se aceitarmos Cristo como caminho começaremos realmente a percorrer a senda de Cristo e poderemos compreender também a verdade de Cristo. A verdade não vivida não se abre; só a verdade vivida, a verdade aceite como modo de viver, como caminho se abre inclusive como verdade em toda a sua riqueza e profundidade. Portanto, esta fórmula é um caminho, é expressão de uma nossa conversão, de uma obra de Deus. E nós queremos realmente ter isto presente em toda a nossa vida: que estamos em comunhão de caminho com Deus, com Cristo. E deste modo estamos em comunhão com a verdade: vivendo a verdade, a verdade torna-se vida, e levando esta vida encontramos também a verdade.

"Lectio Divina", na
Basílica de São João de Latrão, 11 de junho de 2012.

12.
Se Deus é grande, também nós somos grandes

Antes pensava-se e acreditava-se que, afastando Deus e sendo autônomos, seguindo somente as nossas ideias, a nossa vontade, nos tornaríamos realmente livres, podendo fazer quanto quiséssemos sem que ninguém pudesse dar-nos alguma ordem. Mas, onde desaparece Deus, o homem não se torna grande; ao contrário, perde a dignidade divina, perde o esplendor de Deus no seu rosto. No fim resulta somente o produto de uma evolução cega e, como tal, pode ser usado e abusado. Foi precisamente quanto a experiência desta nossa época confirmou. Somente se Deus é grande, o homem também é grande. Com Maria devemos começar a entender que é assim. Não devemos distanciar-nos de Deus, mas tornar Deus presente; fazer com que Ele seja grande na nossa vida; assim também nós nos tornamos divinos; todo o esplendor da dignidade divina então é nosso. Apliquemos isto à nossa vida. É importante que Deus seja grande entre nós, na vida pública e na vida privada. Na vida pública é importante que Deus esteja presente, por exemplo, através da Cruz nos edifícios públicos, que Deus esteja presente na nossa vida comum, porque somente se Deus está presente temos uma orientação, uma estrada comum; se não os contrastes tornam-se inconciliáveis, deixando de existir o reconhecimento da dignidade comum. Tornemos grande Deus na vida pública e na vida privada. Isto quer dizer, dar espaço todos os dias a Deus na nossa vida, começando de manhã com a oração, e depois dando tempo a Deus, dando o domingo a Deus. Não perdemos o nosso tempo livre se o oferecermos a Deus. Se Deus entra no nosso tempo, todo o tempo se torna maior, mais amplo, mais rico.

Homilia em Castel Gandolfo, 15 de agosto de 2005.

13.
A fé não é uma mera herança cultural

Certamente, provimos de nossos pais e somos seus filhos, mas também vimos de Deus, que nos criou à sua imagem e nos chamou para sermos seus filhos. Por isso, na origem de todo ser humano não existe a sorte ou a casualidade, mas um projeto de amor de Deus. Foi o que nos revelou Jesus Cristo, verdadeiro Filho de Deus e homem perfeito. Ele sabia de quem provinha e de quem provimos todos: do amor de seu Pai e nosso Pai. Portanto, a fé não é uma mera herança cultural, mas uma ação contínua da graça de Deus que chama, e da liberdade humana que pode ou não aderir a essa chamada. Mesmo se ninguém responde por outro, sem dúvida os pais cristãos estão chamados a dar um testemunho crível da sua fé e esperança cristãs. Devem preocupar-se para que a chamada de Deus e a Boa-Nova de Cristo cheguem aos seus filhos com a maior clareza e autenticidade. Com o passar dos anos, este dom de Deus que os pais contribuíram para apresentar aos olhos dos pequeninos, também precisará de ser cultivado com sabedoria e doçura, fazendo crescer neles a capacidade de discernimento. Deste modo, com o testemunho constante do amor conjugal dos pais, vivido e impregnado de fé, e com o acompanhamento comprometido da comunidade cristã, será favorecido que os filhos façam seu o dom da fé, descubram com ela o sentido profundo da própria existência e se sintam alegres e gratos por isso.

Homilia em Valência (Espanha),
9 de julho de 2006.

Aqui você encontrará áudios complementares para este
Capítulo 1.

Escute, medite e aprofunde a sua experiência de

leitura e oração, na voz de Silvonei José.

Capítulo 2

BENTO XVI: CREIO NA IGREJA

É célebre a expressão da Escolástica medieval referindo-se à Teologia: *"Fides quærens intellectum"*. Nela estaria condensada a essência da reflexão teológica. Entendendo-se a palavra *"fides"* como a crença cristã e o *"intellectus"* como a razão humana, poder-se-ia dizer que a expressão significaria a crença sobrenatural buscando uma concretização por meio da razão humana. A interrelação entre *"fides"* e *"intellectus"* indicaria uma síntese entre fé e razão.

Contudo, é possível compreender a referida expressão também como o vir à fala da estruturação interna da suprema experiência chamada Fé Cristã. Fé aqui entendida como a própria Presença do Deus de Jesus Cristo, que se doou a nós e nos amou primeiro, vindo ao nosso encontro em Jesus Cristo, seu Filho; oferecendo-O pela salvação de toda pessoa de boa vontade. Temos, assim, um aceno para a inefável e insondável ternura e vigor do Amor Misericordioso do Pai, como Ele se manifestou em Jesus Cristo e continua se manifestando através da História da Salvação.

Neste aceno, a fé é compreendida como sinal maior da fidelidade da doação do Amor do Deus de Jesus Cristo; fidelidade que é o próprio Deus.

Apontamos para uma experiência possibilitada pela fé e como fé. Em se tratando de uma experiência, é anterior a toda e qualquer explicação, anterior também à dúvida se essa experiência não é, por exemplo, um ato subjetivo e psicológico.

Neste âmbito, a tarefa da Teologia é sondar os pressupostos da fé, qual expressão característica da experiência do encontro com o *"Amor que nos amou por primeiro"* (1Jo 4, 19). Dito de outro modo, a Teologia é um saber que constrói um mundo de conhecimentos dentro e a partir do "horizonte" de uma afeição obediente a "algo" que é anterior a qualquer iniciativa individual. Tudo que vem à fala, a partir da afeição obediente da fé é Palavra de Deus, *Logos, Verbum*, Colheita e Obra de Deus.

A sondagem e a ausculta do sentido do ser, que emerge da profundidade aberta pela afeição obediente da fé é o próprio da Teologia, assim como a Imensidão abissal e o Mistério absoluto e último da Ternura do Amor do Deus de Jesus Cristo, que é tudo em todas as coisas. Mais: a Teologia é assim compreendida como um movimento de constituição toda própria da totalidade das possibilidades da existência humana em todos os tempos, a partir da afeição obediente da ternura e do vigor da fidelidade do Deus de Jesus Cristo. A Teologia tem, pois, o compromisso de se enraizar sempre e de novo, isto é, sempre e de forma nova, na afeição obediente do Encontro com o Pai de Jesus Cristo!

A aprendizagem requer bons mestres! Isso, também no âmbito da Teologia. A disponibilidade, disposição positiva e talento do discípulo, o segredo do progresso na aprendizagem está relacionado à competência do mestre. Poder ser orientado por mestres como Agostinho de Hipona, Basílio, Duns Scotus, Tomás de Aquino, Meister Eckhart, Boaventura de Bagnoregio, Aristóteles, Platão é certamente um privilégio. Joseph Ratzinger, no início de seu itinerário teológico escolheu como mestre a Boaventura de Bagnoregio.

Mas, também se abrimos as Sagradas Escrituras, elas nos dizem constantemente que o próprio Deus, Ele mesmo em pessoa, o Espírito Santo nos ensina todas as coisas. Expressa-se assim, de algum modo, a imensa Boa Vontade de Deus em nos ensinar.

Existem também as experiências de iluminação dos grandes místicos e santos de todos os tempos, as quais não permitem atitudes indiferentes diante do Mestre de todos os mestres. Estamos, pois, afirmando que determinante em todo e qualquer itinerário autenticamente teológico é o próprio Pai de Jesus Cristo. A fonte primária da cientificidade da Teologia é o contato profundo, íntimo, pessoal com o Pai.

Obedecer positivamente à incumbência, ao envio, à inspiração e à revelação que vem pela fé no Crucificado-ressuscitado é tarefa do discípulo que se dispõe a refletir o mistério de um Deus-amor que se doa sem medidas. O fruto desta reflexão tem suas raízes numa fé viva. Todos os esforços devem estar orientados pelo empenho em fazer com que o Evangelho seja perceptível primeiramente ao coração; depois será também entendido pelo intelecto.

Quando vivemos uma mudança de época, na qual parece que o Mistério do Deus-amor se eclipsou, expondo sinais de irrelevância cristã, se faz urgente voltar a Jesus, ao fascínio de seu Evangelho, caracterizado por cuidado e respeito pelo ser humano.

É cada vez mais urgente apresentar o essencial da fé cristã de modo compreensível e vivível.

Em Cristo, Deus manifesta o sentido e a lógica de uma vida autenticamente humana, aberta ao futuro, capaz de romper os muros de separação, as barreiras do mal, do nada, da dor e da morte, dispondo-se, de muitas formas, a cooperar para deixar o mundo um pouco melhor para as futuras gerações.

Não se pode esquecer que "*o futuro se forma onde as pessoas se unem em torno de convicções que dão forma à vida. E o futuro bom cresce onde essas convicções têm a sua origem na verdade e levam para dentro dela*" (J. Ratzinger).

Dom Frei Jaime Spengler, OFM
Arcebispo de Porto Alegre,
presidente da CNBB (Conferência Nacional dos Bispos do Brasil) e
presidente do CELAM (Conselho Episcopal Latino-Americano).

O Papa Bento XVI nos deixou pensamentos profundos sobre a nossa fé, sobre como vivê-la e traduzi-la em ações concretas. Seu olhar para o Povo Santo de Deus sempre foi o olhar de um pastor que se interessa e cuida de seu rebanho, confiado a ele pelo grande Pastor.

Bento, com suas catequeses, indicou uma estrada segura por onde caminhar, num mundo que nos oferece tantos desvios, e motivos para fraquejar. Seu olhar nos leva a sermos melhores cristãos, buscando na Eucaristia, como disse ele, um "*antídoto*", que age nas nossas mentes e nos nossos corações, e semeia continuamente *a lógica da comunhão, do serviço e da partilha.*

14.
Deus tem um projeto para os seus amigos

"*O reino de Deus ser-vos-á tirado e será confiado a um povo que produzirá os seus frutos*" (Mt 21, 43). São palavras que fazem pensar na grande responsabilidade de quem, em todas as épocas, é chamado a trabalhar na vinha do Senhor, especialmente com uma função de autoridade, e estimulam a renovar a fidelidade total a Cristo. Ele é "*a pedra que os construtores rejeitaram*" (Mt 21, 42), porque o julgaram inimigo da lei e perigoso para a ordem pública; mas Ele mesmo, rejeitado e crucificado, ressuscitou, tornou-se a "*pedra angular*" sobre a qual se podem apoiar com segurança absoluta as bases de qualquer existência humana e do mundo inteiro. Desta verdade fala a parábola dos vinhateiros infiéis. O proprietário da vinha representa o próprio Deus, enquanto que a vinha simboliza o seu povo, assim como a vida que Ele nos doa para que, com a sua graça e com o nosso compromisso, pratiquemos o bem. Santo Agostinho comenta que "*Deus nos cultiva como um campo para nos tornar melhores*" (Sermo 87, 1, 2: PL 38, 531). Deus tem um projeto para os seus amigos, mas, infelizmente, a resposta do homem orienta-se com frequência para a infidelidade, que se traduz em rejeição. O orgulho e o egoísmo impedem que se reconheça e acolha até o dom mais precioso de Deus: o seu Filho unigênito. Deus entrega-se a si mesmo em nossas mãos, aceita fazer-se mistério imperscrutável de debilidade e manifesta a sua onipotência na fidelidade a um desígnio de amor que, no final, prevê, contudo também a justa punição para os malvados (cf. Mt 21, 41).

Angelus, Praça São Pedro, 2 de outubro de 2011.

15.
Sem a Eucaristia dominical não podemos viver

Numa cultura cada vez mais individualista, como é aquela na qual estamos imersos nas sociedades ocidentais, e que tende a difundir-se em todo o mundo, a Eucaristia constitui uma espécie de "antídoto", que age nas mentes e nos corações dos crentes e semeia continuamente neles a lógica da comunhão, do serviço, da partilha, em síntese, a lógica do Evangelho. Os primeiros cristãos, em Jerusalém, eram um sinal evidente deste novo estilo de vida, porque viviam em fraternidade e punham em comum os seus bens, para que ninguém fosse indigente (At 2, 42-47). De que derivava tudo isto? Da Eucaristia, ou seja, de Cristo ressuscitado, realmente presente no meio dos seus discípulos e ativo com a força do Espírito Santo. E também nas gerações seguintes, através dos séculos, a Igreja, apesar dos limites e dos erros humanos continuou a ser no mundo uma força de comunhão. Pensamos sobretudo nas épocas mais difíceis, de prova: o que significou, por exemplo, para os países submetidos a regimes totalitários, a possibilidade de se reencontrar na Missa dominical! Como diziam os antigos mártires de Abitínia: *"Sine Dominico non possumus"* — sem o *"Dominicum"*, isto é, sem a Eucaristia dominical não podemos viver. Mas o vazio produzido pela falsa liberdade pode ser de igual modo perigoso, e então a comunhão com o Corpo de Cristo é remédio da inteligência e da vontade, para reencontrar o gosto da verdade e do bem comum.

Angelus, Praça São Pedro, 26 de junho de 2011.

16.

Os discípulos do Senhor são chamados a dar novo "sabor" ao mundo e a preservá-lo da corrupção

O Senhor Jesus diz aos seus discípulos: *"Vós sois o sal da terra... Vós sois a luz do mundo"* (Mt 5, 13.14). Mediante estas imagens ricas de significado, Ele quer transmitir-lhes o sentido da sua missão e do seu testemunho. Na cultura médio-oriental, o sal evoca vários valores como a aliança, a solidariedade, a vida e a sabedoria. A luz é a primeira obra de Deus Criador e é fonte da vida; a própria Palavra de Deus é comparada com a luz, como proclama o salmista: *"A vossa palavra é lâmpada para os meus passos, luz para o meu caminho"* (Sl 119, 105). E ainda na Liturgia de hoje, o profeta Isaías diz: *"Se deres do teu pão ao faminto, se alimentares os pobres, a tua luz levantar-se-á na escuridão e a tua noite resplandecerá como o pleno dia"* (58, 10). A sabedoria resume em si os efeitos benéficos do sal e da luz: com efeito, os discípulos do Senhor são chamados a dar novo "sabor" ao mundo e a preservá-lo da corrupção, com a sabedoria de Deus, que resplandece plenamente no rosto do Filho, porque Ele é a *"verdadeira luz que a todos ilumina"* (Jo 1, 9). Unidos a Ele, os cristãos podem difundir no meio das trevas da indiferença e do egoísmo a luz do amor de Deus, autêntica sabedoria que confere significado à existência e ao agir dos homens.

Angelus, Praça São Pedro, 6 de fevereiro de 2011.

17.
Qualquer divisão na Igreja é uma ofensa a Cristo

Para ser no mundo sinal e instrumento de íntima união com Deus e de unidade entre os homens, nós cristãos devemos fundar a nossa vida sobre estes quatro "princípios": a vida fundada na fé dos Apóstolos transmitida na Tradição viva da Igreja, a comunhão fraterna, a Eucaristia e a oração. Só deste modo, permanecendo firmemente unida a Cristo, a Igreja pode compreender eficazmente a sua missão. Apesar dos limites e das faltas dos seus membros, não obstante as divisões, que já o Apóstolo teve que enfrentar na comunidade de Corinto, que diz: *"Rogo-vos, pois, irmãos, pelo nome de nosso Senhor Jesus Cristo, que digais todos o mesmo, e que entre vós não haja divisões"* (1 Cor 1, 10). De fato, o Apóstolo soubera que na comunidade cristã de Corinto tinham surgido discórdias e divisões; por isso, com grande firmeza, acrescenta: *"Estará Cristo dividido?"* (1, 13). Dizendo assim, ele afirma que qualquer divisão na Igreja é uma ofensa a Cristo; e, ao mesmo tempo, que é sempre n'Ele, único Chefe e Senhor, que podemos reencontrar-nos unidos, pela força inexaurível da sua graça. Eis então a chamada sempre atual do Evangelho de hoje: *"Arrependei-vos, porque está próximo o Reino de Deus"* (Mt 4, 17). O compromisso sério de conversão a Cristo é o caminho que conduz a Igreja, com os tempos que Deus dispõe, à plena unidade visível.

Angelus, Praça São Pedro, 23 de janeiro de 2011.

18.
O Espírito Santo faz nascer "de novo" o homem do seio da Igreja

Lemos no Evangelho segundo Mateus que *"uma vez batizado, Jesus saiu da água e eis que os céus se Lhe abriram e viu o Espírito de Deus descer como uma pomba e vir sobre Ele. E uma voz vinda do céu, dizia: 'Este é o Meu Filho muito amado, no Qual pus toda a Minha complacência'"* (3, 16-17). O Espírito Santo "habita" no Filho e testemunha a sua divindade, enquanto a voz do Pai, proveniente do céu, expressa a comunhão de amor. *"A conclusão da cena do batismo diz-nos que Jesus recebeu esta 'unção' autêntica, que Ele é o Ungido esperado"* (Jesus de Nazaré, 2007, 47-48), como confirmação da profecia de Isaías: *"Eis o Meu servo, que eu amparo, o meu eleito, no qual a Minha alma se deleita"* (42, 1). É verdadeiramente o Messias, o Filho do Altíssimo que, saindo das águas do Jordão, estabelece a regeneração no Espírito e dá a possibilidade, a quantos o quiserem, de se tornarem filhos de Deus. De fato, não é por acaso que cada batizado adquire o carácter de filho a partir do nome cristão, sinal inconfundível de que o Espírito Santo faz nascer "de novo" o homem do seio da Igreja. O beato Antonio Rosmini afirma que *"no batizado se realiza uma ação secreta mas muito poderosa, mediante a qual ele é elevado à ordem sobrenatural, é posto em comunicação com Deus"* (Del principio supremo della metodica..., Turim, 1857, n. 331).

Angelus, Praça São Pedro, 9 de janeiro de 2011.

19.
A santidade – imprimir Cristo em si mesmo – é a finalidade de vida do cristão

"*Agora somos filhos de Deus, e ainda não se manifestou o que havemos de ser*" (1 Jo 3, 2): com estas palavras o Apóstolo João garante-nos a realidade da nossa profunda ligação com Deus, assim como a certeza do nosso futuro. Por conseguinte, como filhos amados, recebemos também a graça para suportar as provações desta existência terrena — a fome e a sede de justiça, as incompreensões, as perseguições (Mt 5, 3-11) — e, ao mesmo tempo, herdamos desde já o que foi prometido nas bem-aventuranças evangélicas, "*nas quais resplandece a nova imagem do mundo e do homem que Jesus inaugura*" (Jesus de Nazaré, Milão 2007, 95). A santidade — imprimir Cristo em si mesmo — é a finalidade de vida do cristão. O beato Antonio Rosmini escreveu: "*O Verbo imprimiu-se a si mesmo nas almas dos seus discípulos com o seu aspecto sensível... e com as suas palavras... doou aos seus aquela graça... com a qual a alma sente imediatamente o Verbo*" (Antropologia soprannaturale, Roma 1983, 265-266). E nós prelibamos o dom e a beleza da santidade cada vez que participamos na Liturgia eucarística, em comunhão com a "*multidão imensa*" dos espíritos beatos, que no Céu aclamam eternamente a salvação de Deus e do Cordeiro (Ap 7, 9-10). "À vida dos Santos não pertence somente a sua biografia terrena, mas também o seu viver e agir em Deus depois da morte. Nos Santos, torna-se óbvio como quem caminha para Deus não se afasta dos homens, pelo contrário *torna-se-lhes verdadeiramente vizinho*" (Enc. Deus caritas est, 42).

Angelus, Praça São Pedro, 1º de novembro de 2010.

20.
A tarefa missionária não é revolucionar o mundo, mas transfigurá-lo

A tarefa missionária não é revolucionar o mundo, mas transfigurá-lo, haurindo a força de Jesus Cristo que *"nos convoca à mesa da sua Palavra e da Eucaristia, para saborear o dom da sua Presença, formar-nos na sua escola e viver cada vez mais conscientemente unidos a Ele, Mestre e Senhor"* (Mensagem para o 84º Dia Missionário Mundial). Também os cristãos de hoje — como está escrito na Carta A Diogneto — *"mostram como é maravilhosa e... extraordinária a sua vida associada. Transcorrem a existência sobre a terra, mas são cidadãos do céu. Obedecem às leis estabelecidas, mas com o seu modo de viver ultrapassam as leis... Estão condenados a morrer, mas da morte haurem a vida. Embora façam o bem... são perseguidos, mas aumentam todos os dias"* (V, 4.9.12.16; VI, 9 [SC 33], Paris 1951, 62-66).

Angelus, Praça São Pedro, 24 de outubro de 2010.

21.
Sustentado pela fé da Igreja

A plena maturidade da pessoa e a sua estabilidade interior têm o seu fundamento na relação com Deus, relação que passa através do encontro com Jesus Cristo. Uma relação de confiança profunda e de amizade autêntica com Jesus é capaz de conferir a um jovem aquilo de que ele tem necessidade para enfrentar bem a vida: tranquilidade e luz interior, atitude para pensar de maneira positiva, abertura de espírito em relação ao próximo, disponibilidade a pagar pessoalmente pelo bem, a justiça e a verdade. Um último aspecto, que é muito importante: para se tornar um crente, o jovem é sustentado pela fé da Igreja; se nenhum homem é uma ilha, tanto menos o é o cristão, que descobre na Igreja a beleza da fé compartilhada e testemunhada juntamente com os outros, na fraternidade e no serviço da caridade.

Angelus, Castel Gandolfo, 5 de setembro de 2010.

22.
A Igreja conhece numerosos "pentecostes" que vivificam as comunidades locais

A manifestação do poder do Espírito Santo, o qual – como vento e como fogo – desceu sobre os Apóstolos reunidos no Cenáculo e tornou-os capazes de pregar com coragem o Evangelho a todas as nações (At 2, 1-13). O mistério do Pentecostes, que justamente nós identificamos com aquele acontecimento, verdadeiro "batismo" da Igreja, não termina com ele. De fato, a Igreja vive constantemente da efusão do Espírito Santo, sem o qual ela esgotaria as próprias forças, como uma barca à vela à qual faltasse o vento. O Pentecostes renova-se de modo particular em alguns momentos fortes, tanto a nível local como universal, em pequenas assembleias ou em grandes convocações. Os concílios, por exemplo, tiveram sessões gratificadas por especiais efusões do Espírito Santo, e entre eles está certamente o Concílio Vaticano II. Podemos recordar também o célebre encontro dos movimentos eclesiais com o Venerável João Paulo II, aqui na Praça de São Pedro, precisamente no Pentecostes de 1998. Mas a Igreja conhece numerosos "pentecostes" que vivificam as comunidades locais: pensemos nas Liturgias, em particular nas que foram vividas em momentos especiais para a vida da comunidade, nas quais a força de Deus se sentiu de modo evidente, infundindo alegria e entusiasmo nos corações. Pensemos em tantos congressos de oração, nos quais os jovens sentem claramente a chamada de Deus a radicar a sua vida no seu amor, também consagrando-se inteiramente a Ele.

Regina Cæli, Praça São Pedro, 23 de maio de 2010.

23.
A caridade é o dom "maior", que dá valor a todos os outros

Na sua primeira Carta aos Coríntios, depois de ter explicado, com a imagem do corpo, que os diversos dons do Espírito Santo concorrem para o bem da única Igreja, Paulo mostra o "caminho" da perfeição. Este – diz – não consiste em possuir qualidades excepcionais: falar línguas novas, conhecer todos os mistérios, ter uma fé prodigiosa ou fazer gestos heroicos. Ao contrário, consiste na caridade – ágape – ou seja, no amor autêntico, o que Deus nos revelou em Jesus Cristo. A caridade é o dom "maior", que dá valor a todos os outros, mas *"não se ufana, não se ensoberbece"*, mas *"rejubila-se com a verdade"* e com o bem do próximo. Quem ama verdadeiramente *"não procura o próprio interesse"*, *"não se irrita"*, *"tudo desculpa, tudo crê, tudo espera, tudo suporta"* (1 Cor 13, 4-7). No final, quando nos encontrarmos face a face com Deus, os outros dons faltarão; o único que permanecerá eternamente será a caridade, porque Deus é amor e nós seremos semelhantes a Ele, em comunhão perfeita com Ele. Entrementes, enquanto estamos neste mundo, a caridade é o distintivo do cristão. É a síntese de toda a sua vida: daquilo em que crê e do que faz.

Angelus, Praça São Pedro, 31 de janeiro de 2010.

24.

A Igreja prolonga na história a presença do Senhor ressuscitado

São Paulo compara a Igreja com o corpo humano. Assim escreve o Apóstolo: *"Pois, assim como o corpo é um só e tem muitos membros, e todos os membros do corpo, embora sejam muitos, constituem um só corpo, assim também Cristo. Foi num só Espírito que todos nós fomos batizados, a fim de formarmos um só corpo, quer judeus, quer gregos, quer escravos, quer livres; e todos temos bebido de um só Espírito"* (1Cor 12, 12-13). A Igreja é concebida como o corpo, do qual Cristo é a cabeça, e forma com Ele um todo. Contudo, o que o Apóstolo pretende comunicar é a ideia da unidade na multiplicidade dos carismas, que são os dons do Espírito Santo. Graças a eles, a Igreja apresenta-se como um organismo rico e vital, não uniforme, fruto do único Espírito que conduz todos à unidade profunda, assumindo as diversidades sem as abolir e realizando um conjunto harmonioso. Ela prolonga na história a presença do Senhor ressuscitado, em particular mediante os Sacramentos, a Palavra de Deus, os carismas e os ministérios na comunidade. Por isso, é precisamente em Cristo e no Espírito que a Igreja é una e santa, ou seja, uma comunhão íntima que transcende e apoia as capacidades humanas.

Angelus, Praça São Pedro, 24 de janeiro de 2010.

25.
Batismo: maravilhoso mistério que é o nosso "segundo nascimento"

Deus nasceu para que nós possamos renascer. Estes conceitos repetem-se continuamente nos textos litúrgicos natalícios e constituem um entusiasmante motivo de reflexão e de esperança. Pensemos no que escreve São Paulo aos Gálatas: *"Deus enviou o Seu Filho, nascido de mulher, nascido sujeito à Lei, para resgatar os que se encontravam sob o jugo da Lei e para que recebêssemos a adoção de filhos"* (Gl 4, 4-5); ou ainda São João no Prólogo do seu Evangelho: *"Mas a todos os que O receberam, aos que creem n'Ele, deu-lhes o poder de se tornarem filhos de Deus"* (Jo 1, 12). Este maravilhoso mistério que é o nosso "segundo nascimento" – o renascimento de um ser humano do "alto", de Deus (Jo 3, 1-8) – realiza-se e resume-se no sinal sacramental do Batismo. Com este sacramento, o homem torna-se realmente filho, filho de Deus. Desde então, o fim da sua existência consiste em alcançar de modo livre e consciente o que, desde o início, era e é o destino do homem. *"Torna-te aquilo que és"* – representa o princípio educativo de base da pessoa humana remida pela graça. Este princípio tem muitas analogias com o crescimento humano, no qual a relação dos pais com os filhos passa, através de separações e crises, da dependência total à consciência de ser filhos, ao reconhecimento pelo dom da vida recebida e à maturidade e capacidade de doar a vida. Gerado pelo Batismo para a vida nova, também o cristão começa o seu caminho de crescimento na fé que o levará a invocar conscientemente Deus como *"Abbá* – Pai", a dirigir-se a Ele com gratidão e a viver a alegria de ser seu filho.

Angelus, Praça São Pedro, 10 de janeiro de 2010.

26.

Nos seus dons o Espírito é multiforme

Na Carta aos Efésios, São Paulo diz-nos que este Corpo de Cristo, que é a Igreja, contém junturas (4, 16), e chega a enumerá-las: são os Apóstolos, os Profetas, os Evangelistas, os Pastores e os Mestres (4, 11). Nos seus dons o Espírito é multiforme, como podemos ver aqui. Se consideramos a história, então compreendemos como Ele suscita sempre novas dádivas; observamos como são diferentes os órgãos que Ele cria; e como, sempre de novo, age corporalmente. No entanto, nele a multiplicidade e a unidade caminham juntas. Ele sopra onde quer. E fá-lo de maneira inesperada, em lugares imprevistos e de maneiras precedentemente inimagináveis. E com que multiformidade e corporeidade o faz! É também precisamente aqui que a multiplicidade e a unidade são inseparáveis entre si. Ele quer a vossa multiformidade, e deseja que sejais o seu único corpo, na união com as ordens duradouras as junturas da Igreja, com os sucessores dos Apóstolos e com o Sucessor de São Pedro. Ele não nos poupa o cansaço de aprender o modo de nos relacionarmos uns com os outros; mas demonstra-nos também que age em vista do único corpo e na unidade do único corpo. É exclusiva e precisamente assim que a unidade alcança a sua força e a sua beleza. Participai na edificação do único corpo! Os pastores estarão atentos a não apagar o Espírito (1 Ts 5, 19), e vós não cessareis de oferecer as vossas dádivas à comunidade inteira. Uma vez mais: o Espírito sopra onde quer. No entanto, a sua vontade é a unidade. Ele conduz-nos rumo a Cristo, no seu Corpo. "É a partir dele [de Cristo] diz-nos São Paulo *que o Corpo inteiro, bem ajustado e unido, por meio de toda a espécie de junturas que O sustentam, segundo uma força à medida de cada uma das partes, realiza o seu crescimento como Corpo, para se construir a si próprio no amor*" (Ef 4, 16).

Homilia de Pentecostes, Praça São Pedro, 3 de junho de 2006.

27.

Quem encontrou algo de verdadeiro, de belo e de bom na sua própria vida, o único tesouro autêntico, a pérola inestimável, corre para compartilhá-lo em toda parte

O Espírito Santo deseja a unidade, quer a totalidade. Por este motivo, a sua presença demonstra-se finalmente também no impulso missionário. Quem encontrou algo de verdadeiro, de belo e de bom na sua própria vida, o único tesouro autêntico, a pérola inestimável, corre para compartilhá-lo em toda parte, na família e no trabalho, em todos os âmbitos da sua existência. E fá-lo sem qualquer temor, porque sabe que recebeu a adoção de filho; sem qualquer presunção, porque tudo é dádiva; e sem desânimo, porque o Espírito de Deus precede a sua ação no "coração" dos homens e como semente nas mais diversificadas culturas e religiões. Fá-lo sem fronteiras, porque é portador de uma boa notícia destinada a todos os homens e a todos os povos. Estimados amigos, peço-vos que sejais ainda mais, muito mais, colaboradores no ministério apostólico universal do Papa, abrindo as portas a Cristo. Este é o melhor serviço da Igreja aos homens e, de maneira totalmente particular, aos pobres, a fim de que a vida da pessoa, uma ordem mais justa na sociedade e a convivência pacífica entre as nações encontrem em Cristo a "pedra angular" sobre a qual construir a autêntica civilização, a civilização do amor. O Espírito Santo oferece aos fiéis uma visão superior do mundo, da vida e da história, fazendo deles guardiões da esperança que não engana.

Homilia de Pentecostes, Praça São Pedro, 3 de junho de 2006.

Aqui você encontrará áudios complementares para este
Capítulo 2.

Escute, medite e aprofunde a sua experiência de

leitura e oração, na voz de Silvonei José.

Capítulo 3

Bento XVI: Creio em Deus Pai

Bento XVI, nos seus inúmeros textos e reflexões, sempre procurou indicar a via mestra para nos tornamos cristãos melhores, filhos de uma Igreja que está presente em todo o mundo e que tem como missão levar a Boa Nova do Senhor *"até os confins da terra"*. Bento sempre quis que fossemos conscientes da nossa pertença à Igreja Católica, motivando sempre, cada fiel, a ser um construtor dessa instituição que ele tanto amou.

Ele salientou essa pertença várias vezes, e é uma pertença na liberdade, com livre arbítrio, com a capacidade humana de escolher. *"A verdadeira liberdade* – escreveu – *demonstra-se na responsabilidade, num modo de agir que assume sobre si a corresponsabilidade pelo mundo, por si mesmo e pelos outros. Livre é o filho, a quem pertencem as coisas e que, por isso, não permite que as mesmas sejam destruídas"*.[12]

---

[12] Homilia na Celebração das primeiras Vésperas da Vigília de Pentecostes, durante o Encontro com os Movimentos Eclesiais e as Novas Comunidades. Sábado, 3 de junho de 2006.

28.
Ser filho torna-se o equivalente a seguir Cristo

"*Quando orardes, dizei: Pai*", e ensinou-lhes o Pai-Nosso (Lc 11, 2-4), tirando-a da sua própria oração, com a qual se dirigia a Deus, seu Pai. Estamos diante das primeiras palavras da Sagrada Escritura que aprendemos desde crianças. Elas imprimem-se na memória, plasmando a nossa vida, acompanham-nos até ao último respiro. Elas revelam que "*não somos já de modo completo filhos de Deus, que no-lo devemos tornar e sê-lo cada vez mais mediante a nossa comunhão sempre mais profunda com Jesus. Ser filho torna-se o equivalente a seguir Cristo*" (Jesus de Nazaré, Milão 2007, p.168). Esta oração acolhe e expressa também as necessidades humanas materiais e espirituais: "*Dai-nos em cada dia o pão da nossa subsistência; perdoai-nos os nossos pecados*" (Lc 11, 3-4). E precisamente por causa das necessidades e das dificuldades de cada dia, Jesus exorta com vigor: "*Digo-vos, pois: Pedi e dar-se-vos-á; quem procura encontra e ao que bate, abrir-se-á*" (Lc 11, 9-10). Não é um pedir para satisfazer as próprias vontades, quanto ao contrário para manter viva a amizade com Deus, o qual – diz sempre o Evangelho: "*Dará o Espírito Santo àqueles que lhe pedirem*" (Lc 11, 13). Experimentaram-no os antigos "padres do deserto" e os contemplativos de todos os tempos, que se tornaram, pela oração, amigos de Deus. Santa Teresa de Ávila convidava as suas irmãs de hábito, dizendo: "*Devemos suplicar a Deus para que nos liberte definitivamente de qualquer perigo e nos preserve de todo o mal. E por mais imperfeito que seja o nosso desejo, esforcemo-nos por insistir com este pedido. O que nos custa pedir muito, visto que nos dirigimos ao Onipotente?*" (Cammino, 60 (34), 4, em Opere complete, Milão 1998, p. 846). Todas as vezes que recitamos o Pai-Nosso, a nossa voz entrelaça-se com a da Igreja, porque quem reza nunca está sozinho.

Angelus, Castel Gandolfo, 25 de julho de 2010.

29.
O Reino de Deus é a verdadeira razão de esperança da humanidade

Deus não é só criador do universo – aspecto comum a outras religiões – mas é Pai, que *"nos escolheu antes da criação do mundo... predestinando-nos para sermos seus filhos adotivos"* (Ef 1, 4-5) e que por isso chegou ao ponto inconcebível de se fazer homem: *"O Verbo fez-se homem e habitou entre nós"* (Jo 1, 14). O mistério da Encarnação da Palavra de Deus foi preparado no Antigo Testamento, em particular onde a Sabedoria divina se identifica com a Lei moisaica. De fato, afirma a própria Sabedoria: *"Habita em Jacó, e toma Israel como tua herança"* (Eclo 24, 8). Em Jesus Cristo, a Lei de Deus fez-se testemunho vivo, inscrito no coração de um homem no qual, pela ação do Espírito Santo, está presente corporalmente toda a plenitude da divindade (Cl 2, 9). Queridos amigos, é esta a verdadeira razão de esperança da humanidade: a história tem um sentido, porque é "habitada" pela Sabedoria de Deus. E, contudo, o desígnio divino não se cumpre automaticamente, porque é um projeto de amor, e o amor gera e pede liberdade. O Reino de Deus vem certamente, aliás, já está presente na história e, graças à vinda de Cristo, já venceu a força negativa do maligno. Mas cada homem e mulher é responsável pelo seu acolhimento na própria vida, dia após dia.

Angelus, Praça São Pedro, 3 de janeiro de 2010.

30.
A verdadeira liberdade demonstra-se na responsabilidade

A Sagrada Escritura une o conceito de liberdade ao de progenitura. São Paulo diz: *"Vós não recebestes um Espírito que vos escraviza e volta a encher-vos de medo; mas recebestes um Espírito que faz de vós filhos adotivos. É por Ele que clamamos: Abbá, ó Pai!"* (Rm 8, 15). O que isto significa? São Paulo pressupõe nisto o sistema social do mundo antigo, em que existiam os escravos, aos quais nada pertencia e que por isso não podiam interessar-se por um reto desenvolvimento dos acontecimentos. Correspondentemente havia os filhos, que eram também os herdeiros e que por este motivo se preocupavam com a conservação e a boa administração da sua propriedade ou com a preservação do Estado. Dado que eram livres, tinham também uma responsabilidade. Prescindindo do contexto sociológico daquela época, é válido sempre este princípio: a liberdade e a responsabilidade caminham juntas. A verdadeira liberdade demonstra-se na responsabilidade, num modo de agir que assume sobre si a corresponsabilidade pelo mundo, por si mesmo e pelos outros. Livre é o filho, a quem pertencem as coisas e que por isso não permite que as mesmas sejam destruídas. Todas as responsabilidades mundanas, de que falamos, são, contudo, responsabilidades parciais, por um determinado âmbito, por um certo Estado etc.

Homilia na Celebração das primeiras Vésperas da Vigília de Pentecostes – Encontro com os Movimentos Eclesiais e as Novas Comunidades, 3 de junho de 2006.

31.
A fé no Criador e a escuta da linguagem da criação

Dado que a fé no Criador é uma parte essencial do Credo cristão, a Igreja não pode e não deve limitar-se a transmitir aos seus fiéis apenas a mensagem da salvação. Ela tem uma responsabilidade pela criação e deve fazer valer esta responsabilidade também em público. E fazendo isto deve defender não só a terra, a água e o ar como dons da criação que pertencem a todos. Deve proteger também o homem contra a destruição de si mesmo. É necessário que haja algo como uma ecologia do homem, entendida no sentido justo. Não é uma metafísica superada, se a Igreja falar da natureza do ser humano como homem e mulher e pedir que esta ordem da criação seja respeitada. Trata-se aqui do fato da fé no Criador e da escuta da linguagem da criação, cujo desprezo seria uma autodestruição do homem e, portanto, uma destruição da própria obra de Deus. O que com frequência é expresso e entendido com a palavra "gênero", resolve-se em definitiva na autoemancipação do homem da criação e do Criador. O homem pretende fazer-se sozinho e dispor sempre e exclusivamente sozinho o que lhe diz respeito. Mas desta forma vive contra a verdade, vive contra o Espírito criador.

Discurso à Cúria Romana, Sala Clementina,
22 de dezembro de 2008.

32.
O Espírito criador está presente na natureza e, de modo especial, na natureza do homem

As florestas tropicais merecem, sim, a nossa proteção, mas não a merece menos o homem como criatura, na qual está inscrita uma mensagem que não significa contradição da nossa liberdade, mas a sua condição. Grandes teólogos da Escolástica qualificaram o matrimônio, ou seja, o vínculo para toda a vida entre homem e mulher, como sacramento da criação, que o próprio Criador instituiu e que Cristo sem modificar a mensagem da criação depois acolheu na história da salvação como sacramento da nova aliança. Pertence ao anúncio que a Igreja deve levar o testemunho a favor do Espírito criador presente na natureza no seu conjunto e, de modo especial, na natureza do homem, criado à imagem de Deus. Partindo desta perspectiva seria necessário voltar a ler a Encíclica *Humanae vitae*: a intenção do Papa Paulo VI era defender o amor contra a sexualidade como consumo, o futuro contra a pretensão exclusiva do presente e a natureza do homem contra a sua manipulação.

Discurso à Cúria Romana, Sala Clementina,
22 de dezembro de 2008.

33.
Por ser Criador, é que Ele pode dar-nos a vida por toda a eternidade

A Igreja não é uma associação qualquer que se ocupa das necessidades religiosas dos homens e cujo objetivo se limitaria precisamente ao de uma tal associação. Não, a Igreja leva o homem ao contato com Deus e, consequentemente, com o princípio de tudo. Por isso, Deus tem a ver conosco como Criador, e por isso possuímos uma responsabilidade pela criação. A nossa responsabilidade inclui a criação, porque esta provém do Criador. Deus pode dar-nos vida e guiar a nossa vida, só porque Ele criou o todo. A vida na fé da Igreja não abrange somente o âmbito de sensações e sentimentos e porventura de obrigações morais; mas abrange o homem na sua integralidade, desde as suas origens e na perspectiva da eternidade. Só porque a criação pertence a Deus, podemos depositar n'Ele completamente a nossa confiança. E só porque Ele é Criador, é que pode nos dar a vida por toda a eternidade. A alegria e gratidão pela criação e a responsabilidade por ela andam juntas uma com a outra.

Homilia, Basílica Vaticana, 23 de abril de 2011.

34.
O mundo é uma produção da Palavra, do Logos

A mensagem central do relato da criação: Nas primeiras palavras do seu Evangelho, São João resumiu o significado essencial do referido relato com uma única frase: *"No princípio, era o Verbo"*. Com efeito, o relato da criação caracteriza-se pela frase que aparece com regularidade: *"Disse Deus..."*. O mundo é uma produção da Palavra, do *Logos*, como se exprime João com um termo central da língua grega. *"Logos"* significa "razão", "sentido", "palavra". Não é apenas razão, mas Razão criadora que fala e comunica a Si mesma. Trata-se de Razão que é sentido, e que cria, Ela mesma, sentido. Por isso, o relato da criação diz-nos que o mundo é uma produção da Razão criadora. E, deste modo, diz-nos que, na origem de todas as coisas, não está o que é sem razão, sem liberdade; pelo contrário, o princípio de todas as coisas é a Razão criadora, é o amor, é a liberdade. Encontramo-nos aqui perante a alternativa última que está em jogo na disputa entre fé e incredulidade: o princípio de tudo é a irracionalidade, a ausência de liberdade e o acaso, ou então o princípio do ser é razão, liberdade, amor? O primado pertence à irracionalidade ou à razão? Tal é a questão de que, em última análise, se trata. Como crentes, respondemos com o relato da criação e com São João: na origem, está a razão. Na origem, está a liberdade.

Homilia, Basílica Vaticana, 23 de abril de 2011.

35.

A aliança, a comunhão entre Deus e o homem, está prevista no mais íntimo da criação

O relato veterotestamentário da criação indica claramente esta ordem das coisas. Mas faz-nos dar um passo mais em frente. O processo da criação aparece estruturado no quadro de uma semana que se orienta para o sábado, encontrando neste a sua perfeição. Para Israel, o sábado era o dia em que todos podiam participar no repouso de Deus, em que homem e animal, senhor e escravo, grandes e pequenos estavam unidos na liberdade de Deus. Assim o sábado era expressão da aliança entre Deus, o homem e a criação. Deste modo, a comunhão entre Deus e o homem não aparece como um acréscimo, algo instaurado posteriormente num mundo cuja criação estava já concluída. A aliança, a comunhão entre Deus e o homem, está prevista no mais íntimo da criação. Sim, a aliança é a razão intrínseca da criação, tal como esta é o pressuposto exterior da aliança. Deus fez o mundo, para haver um lugar no qual Ele pudesse comunicar o seu amor e a partir do qual a resposta de amor retornasse a Ele. Diante de Deus, o coração do homem que Lhe responde é maior e mais importante do que todo o imenso universo material que, certamente, já nos deixa vislumbrar algo da grandeza de Deus.

Homilia, Basílica Vaticana, 23 de abril de 2011.

36.
Celebramos a vitória definitiva do Criador e da sua criação

Sim, creio em Deus, Criador do Céu e da Terra. E celebramos o Deus que Se fez homem, padeceu, morreu, foi sepultado e ressuscitou. Celebramos a vitória definitiva do Criador e da sua criação. Celebramos este dia como origem e simultaneamente como meta da nossa vida. Celebramo-lo porque agora, graças ao Ressuscitado, vale de modo definitivo que a razão é mais forte do que a irracionalidade, a verdade mais forte do que a mentira, o amor mais forte do que a morte. Celebramos o primeiro dia, porque sabemos que a linha escura que atravessa a criação não permanece para sempre. Celebramo-lo, porque sabemos que agora vale definitivamente o que se diz no fim do relato da criação: *"Deus viu que tudo o que tinha feito; era tudo muito bom"* (Gn 1, 31).

Homilia, Basílica Vaticana, 23 de abril de 2011.

37.

Tornar-se filho de Deus acontece através da fé, através de um "sim" profundo e pessoal a Deus

Quero propor uma breve reflexão acerca do nosso ser filhos de Deus. Mas, antes de tudo, pelo nosso ser simplesmente filhos: esta é a condição fundamental que todos temos em comum. Nem todos somos pais, mas todos certamente somos filhos. Vir ao mundo nunca é uma escolha, não nos é perguntado se queremos nascer. Mas durante a vida, podemos amadurecer uma atitude livre em relação à própria vida: podemos acolhê-la como um dom e, num certo sentido, "tornar-nos" o que já somos: tornar-nos filhos. Esta passagem assinala uma mudança de maturidade no nosso ser e na nossa relação com os nossos pais, que se enche de reconhecimento. É uma passagem que nos torna capazes de ser por nossa vez pais — não biologicamente, mas moralmente. Também em relação a Deus todos somos filhos. Deus está na origem da existência de cada criatura, e é Pai de modo singular de cada ser humano: tem com ele ou com ela uma relação única, pessoal. Cada um de nós é querido, é amado por Deus. E também nesta relação com Deus nós podemos, por assim dizer, "renascer", ou seja, tornarmo-nos aquilo que somos. Isto acontece através da fé, através de um "sim" profundo e pessoal a Deus como origem e fundamento da minha existência. Com este "sim" eu aceito a vida como dom do Pai que está no Céu, um Pai que não vejo, mas no qual acredito e que sinto profundamente no coração que é Pai meu e de todos os meus irmãos em humanidade, um Pai imensamente bom e fiel. Sobre o que se baseia esta fé em Deus Pai? Baseia-se em Jesus Cristo: a sua pessoa e a sua história revelam-nos o Pai, fazem com que o conheçamos, na medida do possível neste mundo.

Angelus, Praça São Pedro, 8 de janeiro de 2012.

38.

O Reino de Deus é a presença de Deus, a união do homem com Deus

Vemos no "Pai-nosso" como os três primeiros pedidos se referem precisamente a esta primazia de Deus: que o nome de Deus seja santificado, que o respeito do mistério divino esteja vivo e anime toda a nossa vida; que *"venha o Reino de Deus"* e *"seja feita a vossa vontade"* são dois aspectos diversos da mesma medalha; onde se faz a vontade de Deus já existe o céu, começa também na terra um pouco de céu, e onde for feita a vontade de Deus está presente o Reino de Deus. Pois o Reino de Deus não é uma série de coisas, o Reino de Deus é a presença de Deus, a união do homem com Deus. É para este objetivo que Jesus nos quer guiar. O Reino de Deus é o centro do seu anúncio, isto é, Deus como fonte e centro da nossa vida, diz-nos: só Deus é a redenção do homem. E podemos ver na história do século passado, como nos Estados onde Deus tinha sido abolido, não só a economia foi destruída, mas sobretudo as almas. As destruições morais, as destruições da dignidade do homem são as destruições fundamentais e a renovação só pode vir do regresso de Deus, isto é, do reconhecimento da centralidade de Deus. Os Apóstolos dizem a Jesus: volta, todos te procuram. E ele responde: não, devo ir a outros lugares para anunciar Deus e para afastar os demónios, as forças do mal; foi para isto que vim. Jesus veio está escrito no texto grego: *"Saí do Pai"* não para trazer os confortos da vida, mas para trazer a condição fundamental da nossa dignidade, para nos trazer o anúncio de Deus, a presença de Deus e, desta forma, vencer as forças do mal. Ele indica esta prioridade com grande clareza: não vim curar faço também isto, mas como sinal mas vim para vos reconciliar com Deus. Deus é o nosso criador, Deus deu-nos a vida, a nossa dignidade. É sobretudo a ele que nos devemos dirigir.

Homilia, Paróquia de Sant'Anna, no Vaticano,
5 de fevereiro de 2006.

39.
Cristo mostra-nos quem é pai e como é um pai autêntico

Talvez o homem de hoje não sinta a beleza, a grandeza e conforto profundo contidos na palavra "pai", com a qual podemos dirigir-nos a Deus na oração, porque hoje em dia a figura paterna com frequência não está suficientemente presente, e também muitas vezes não é suficientemente positiva na vida quotidiana. A ausência do pai, o problema de um pai não presente na vida do filho é uma grande chaga do nosso tempo, e por isso torna-se difícil compreender na sua profundidade o que significa que Deus é Pai para nós. Do próprio Jesus, da sua relação filial com Deus, podemos aprender o que quer dizer propriamente "pai", qual é a natureza autêntica do Pai que está nos céus. Alguns críticos da religião afirmaram que falar do "Pai", de Deus, seria uma projeção dos nossos pais para o céu. Mas é verdade o contrário: no Evangelho, Cristo mostra-nos quem é pai e como é um pai autêntico, de tal forma que podemos intuir a verdadeira paternidade, aprender também a paternidade genuína. Pensemos nas palavras de Jesus no sermão da montanha, onde Ele diz: *"Amai os vossos inimigos e orai por quantos vos perseguem. Fazendo assim, tornar-vos-eis filhos do vosso Pai que está no Céu"* (Mt 5, 44-45). É precisamente o amor de Jesus, o Filho Unigénito — que chega ao dom de Si mesmo na cruz — que nos revela a natureza verdadeira do Pai: Ele é o Amor, e também nós, na nossa oração de filhos, entramos neste circuito de amor, amor de Deus que purifica as nossas aspirações e as nossas atitudes caracterizadas pelo fechamento, pela autossuficiência e pelo egoísmo, típicos do homem velho. Passamos para além da criação na adoção com Jesus; unidos, estamos verdadeiramente em Deus.

Catequese da Audiência Geral, Praça São Pedro,
23 de maio de 2012.

40.

Deus é nosso Pai, porque é nosso Criador

Cada um de nós, cada homem e cada mulher, é um milagre de Deus, é desejado por Ele e conhecido pessoalmente por Ele. Quando, no Livro do Gênesis, se afirma que o ser humano é criado à imagem de Deus (1, 27), quer-se expressar precisamente esta realidade: Deus é o nosso Pai, e para Ele nós não somos seres anônimos, impessoais, mas temos um nome. E um versículo dos Salmos emociona-me, quando o recito: *"As tuas mãos plasmaram-me"*, reza o salmista (Sl 119, 73). Cada um de nós pode expressar, com esta imagem bonita, a relação pessoal com Deus: *"As tuas mãos plasmaram-me. Tu pensaste-me, criaste-me e desejaste-me"*. Mas isto ainda não é suficiente. O Espírito de Cristo abre-nos a uma segunda dimensão da paternidade de Deus, para além da criação, porque Jesus é o "Filho" em sentido integral, *"da mesma substância do Pai"*, como professamos no Credo. Tornando-se um ser humano como nós, mediante a Encarnação, a Morte e a Ressurreição, Jesus por sua vez acolhe-nos na sua humanidade e no seu próprio ser Filho, e assim também nós podemos entrar na sua pertença específica a Deus. Sem dúvida, o nosso ser filhos de Deus não contém a plenitude de Jesus: devemos ser cada vez mais filhos, ao longo do caminho de toda a nossa existência cristã, crescendo no seguimento de Cristo, na comunhão com Ele, para entrar sempre mais intimamente na relação de amor com Deus Pai, que ampara a nossa vida. É esta realidade fundamental que nos é proporcionada, quando nos abrimos ao Espírito Santo e Ele nos faz dirigir a Deus, dizendo-lhe: *"Abbá, Pai!"* Realmente passamos para além da criação na adoção com Jesus; unidos, estamos verdadeiramente em Deus e somos filhos de um modo novo, numa dimensão renovada.

Catequese da Audiência Geral, Praça São Pedro,
23 de maio de 2012.

Aqui você encontrará áudios complementares para este
Capítulo 3.

Escute, medite e aprofunde a sua experiência de

leitura e oração, na voz de Silvonei José.

© Vatican Media

> *A união com Cristo é, ao mesmo tempo, união com todos os outros, aos quais ele se entrega. Eu não posso ter Cristo só para mim; posso pertencer-lhe somente unido a todos aqueles que se tornaram ou se tornarão seus. A comunhão tira-me para fora de mim mesmo, projetando-me para ele e, desse modo, também para a união com todos os cristãos".[13]*

---

[13] *Deus Caritas est*, **14**.

Capítulo 4

BENTO XVI: CREIO EM JESUS CRISTO

O exercício de crer em Jesus Cristo

Numa ocasião em que pregava os exercícios espirituais para os sacerdotes do *Movimento Comunhão e Libertação*, no verão de 1986, o ainda Cardeal Ratzinger, questionava aos seus ouvintes sobre que coisa deveriam exercitar-se naqueles dias, visto que só se pode exercitar-se em alguma coisa que, de alguma maneira, já se possui. Ele concluía dizendo que os exercícios eram uma oportunidade de iniciação na existência cristã, na existência da fé. Com um tom inteligente e provocativo, buscando levar seus interlocutores ao mais profundo do tema proposto, Ratzinger, apontava que *"a fé é o ato fundamental da existência cristã"*, e que, *"no ato de fé se exprime a estrutura essencial do cristianismo, e o crer é a resposta à pergunta como é possível chegar à meta na arte da existência humana"*.[14]

Ele falava isso num contexto comparativo para diferenciar o cristianismo de outras religiões, como o Budismo. Na sua forma clássica, o Budismo propõe como caminho para o homem um ato de radical interiorização, um descer dentro de si. Na fé cristã, ao contrário, o chamado de Deus ao homem é um sair de si, num ato de autotranscendência, de busca do 'totalmente Outro'.

Agora temos diante de nós este livro, brilhante inspiração do jornalista Silvonei José, e ler algumas obras de Bento XVI, pelas lentes dele, entendo que seja uma forma desse exercício. Um exercício de reflexão acerca das bases da fé cristã e da laboriosa arte da existência humana. Entendo que essa seja uma das maiores contribuições deixadas pelo papa alemão, cujo pontificado Silvonei acompanhou tão de perto. Bento, quanto mais nos apresentava a fé em Jesus Cristo, mais nos ensinava sobre o homem.

Nos inúmeros textos que Bento nos deixou, quer sejam nas suas primeiras obras teológicas, quer nos textos magisteriais, em catequeses, homilias e discursos, ele foi sempre muito claro em nos apresentar a fé da Igreja em Jesus Cristo. Talvez, seja por isso, a sua tão segura e serena abertura no diálogo com outras confissões religiosas, uma vez que, partindo da verdade que crê, não há espaço para o relativismo religioso.

Se pudéssemos sintetizar a vastíssima obra de Ratzinger, diríamos que, na teologia do papa alemão, tudo gira em torno dos

---

[14] RATZINGER, Joseph. **Guardare Cristo.** Milão: Jaca Book, 1989. p. 7.

conceitos de amor, verdade e beleza, presentes na pessoa de Jesus Cristo[15]. De forma brilhante, Bento, resumiu tudo isso dizendo:

> *"No início do ser cristão, não há uma decisão ética ou uma grande ideia, mas o encontro com um acontecimento, com uma Pessoa que dá à vida um novo horizonte e, desta forma, o rumo decisivo"*[16].

Sua honestidade intelectual e sua seriedade científica eram incríveis, era incansável na busca da verdade. Incrível também era seu esforço para que essa verdade conhecida estivesse ao alcance das pessoas. Usando como exemplo nos artigos da fé, a questão ´Creio em Jesus Cristo´ – tema muitas vezes abordado por ele – a preocupação era sempre se o conteúdo recebido era verdadeiro, qual o caminho histórico percorrido para chegar até nós e se essa verdade tinha algo a nos dizer hoje.

Na esteira da teologia católica, aprendemos que o nosso crer em Jesus Cristo, como nos outros artigos do Credo, não é um ato reflexo, ou instintivo e meramente material. O ato de fé no Verbo encarnado, é um ato humano movido pela vontade e iluminado pela inteligência. Isso significa que, dadas as credenciais Dele pelos Evangelhos e testemunhadas pela tradição apostólica, é razoável crer naquele Galileu, que viveu durante o reinado de Tibério César, padeceu sob Pôncio Pilatos, morreu e ressuscitou ao terceiro dia. Ele é, ao mesmo tempo, Deus e homem, e conhecendo suas palavras e obras, dizemos, com a Igreja, que o que ele nos revela é digno de credibilidade.

---

[15] BLANCO, P. **Bento XVI – um mapa de suas ideias**. São Paulo: Molokai, 2016. p. 82.
[16] BENTO XVI, Carta encíclica *Deus caritas est*, 1.

Assim, mesmo que as principais verdades sobre Jesus Cristo já estejam definidas no Credo que professamos, a Revelação que recebemos deve provocar à nossa razão um aprofundamento ainda maior no conhecimento Dele. Isso porque o mistério revelado está acima da razão humana, mas nunca contra ela. Ora, é nessa árdua tarefa intelectual que se situa o trabalho do teólogo. É nesse lugar que encontramos Ratzinger.

Durante o seu pontificado, podemos também conhecer um pouco de sua personalidade tímida, com traços simples e discretos. Sua excelência na vida acadêmica, sua originalidade e profundidade intelectual ainda mais se tornaram conhecidos de todos e deixou um legado ímpar na história da Igreja contemporânea. Por outro lado, uma face do Papa Bento que ficou conhecida de toda a Igreja foi o paciente trabalho pedagógico do mestre, sempre didaticamente trazendo os conteúdos da fé e, como pastor, conduzindo-nos pela mão.

Os exemplos a serem citados são muitos, sempre colocando o homem mais próximo do mistério de Deus. Numa de suas falas ele disse: "*A mensagem de Jesus responde a uma íntima espera do nosso coração; corresponde a uma interna luz do nosso ser que mira a verdade de Deus*"[17]. Outro exemplo, foi quando ao escrever a sua obra *Jesus de Nazaré*, ele disse que procurou – são palavras suas – "*desenvolver um olhar sobre o Jesus dos Evangelhos e uma escuta Dele que pudesse tornar-se um encontro, e, todavia, na escuta em comunhão com os discípulos de Jesus de todos os tempos, chegar também à certeza da figura verdadeiramente histórica de Jesus*"[18].

---

[17] RATZINGER, Joseph. **Guardare Cristo.** Milão: Jaca Book, 1989. p. 29.
[18] RATZINGER, Joseph. **Jesus de Nazaré.** *Da entrada de Jerusalém até a ressurreição.* São Paulo: Planeta, 2011. p. 14.

Assim, com essa seriedade na pesquisa e senso profundo da fé, ele procedeu em toda a sua trajetória, desde quando iniciou a sua docência em Teologia até a importante missão que desempenhou como Prefeito da Sagrada Congregação para a Doutrina da Fé.

Em síntese, ao falar da fé em Jesus Cristo, nos escritos de Bento XVI, estamos falando da atividade central do seu pontificado. A obra há pouco citada, *Jesus de Nazaré*, é uma afirmação incontestável dessa verdade, não obstante as inúmeras tarefas que possuía como pontífice.

Enfim, estamos agradecidos por esta publicação, em que Silvonei oferece à pastoral e à catequese um precioso instrumento de releitura de Bento XVI. Esta obra, com textos selecionados, tenho certeza de que será de grande aprofundamento da fé, e aproximará muitos fiéis do pensamento desse grande Papa teólogo, cujo legado deixado é ainda tão importante para o nosso tempo.

Pe. Renato Andrade
Sacerdote da Diocese de Petrópolis (Rio de Janeiro)
Pároco na Paróquia Santo Antônio de Paquequer, Teresópolis (RJ)

Sabemos perfeitamente do amor que Bento XVI nutria por Jesus Cristo, pelo Filho de Deus. Seu amor por Cristo era tanto que dedicou uma trilogia para narrar de forma simples e objetiva, a vida d'Aquele que salvou a humanidade do pecado.

Nos seus discursos sempre procurava evidenciar o grande amor de Deus pelo homem: "*Amou tanto, que deu Seu próprio Filho*" para salvar o homem do pecado. "*Mas Deus não tolera o mal, porque é Amor, Justiça e Fidelidade; e precisamente por isso não deseja a morte do pecador, mas que ele se converta e viva*".[19]

---

[19] *Angelus*, Praça de São Pedro, domingo, 13 de março de 2011.

41.
Jesus toma a cruz de todos os homens e se torna fonte de salvação para a humanidade

"Se alguém quiser vir após Mim, renegue-se a si mesmo, tome a sua cruz e siga-Me" (Mt 16, 24). O cristão segue o Senhor quando aceita com amor a própria cruz, que aos olhos do mundo parece uma derrota e uma *"perda da vida"* (vv. 25-26), sabendo que não a carrega sozinho, mas com Jesus, partilhando o seu mesmo caminho de doação. Escreve o Servo de Deus Paulo VI: *"Misteriosamente, o próprio Cristo, para desenraizar do coração do homem o pecado de presunção e manifestar ao Pai uma obediência total e filial, aceita... morrer na cruz"* (Ex. ap. Gaudete in Domino - 9 de maio de 1975 - AAS 67, [1975], 300-301). Aceitando a morte voluntariamente, Jesus carrega a cruz de todos os homens e torna-se fonte de salvação para toda a humanidade. São Cirilo de Jerusalém comenta: *"A cruz vitoriosa iluminou quem estava cego pela ignorância, libertou quem estava preso pelo pecado, trouxe a toda a humanidade a redenção"* (Catechesis Illuminandorum XIII, 1; de Christo crucifixo et sepulto: pg 33, 772 b).

Angelus, Castel Gandolfo, 28 de agosto de 2011.

42.
Cristo está atento às necessidades materiais, mas deseja dar mais

Neste sinal prodigioso entrelaçam-se a encarnação de Deus e a obra da redenção. Com efeito, Jesus "desce" da barca para ir ao encontro dos homens (Mt 14, 14). São Máximo, o Confessor, afirma que a Palavra de Deus *"se dignou, por amor a nós, fazer-se presente na carne, derivada de nós e em conformidade conosco, exceto no pecado, expondo-nos ao ensinamento com palavras e exemplos que nos são convenientes"* (Ambiguum 33: pg 91, 1285 c). O Senhor oferece-nos aqui um exemplo eloquente da sua compaixão pelas pessoas. Pensemos nos numerosos irmãos e irmãs que padecem as dramáticas consequências da carestia, agravadas pela guerra e pela falta de instituições sólidas. Cristo está atento às necessidades materiais, mas deseja dar ulteriormente, porque o homem tem sempre *"fome de algo mais, precisa de algo mais"* (Jesus de Nazaré, 2007). No pão de Cristo está presente o amor de Deus; no encontro com Ele, *"nós nos alimentamos, por assim dizer, do próprio Deus vivo, e comemos verdadeiramente o 'pão do céu"* (Ibidem).

Angelus, Castel Gandolfo, 31 de julho de 2011.

43.
Cristo derrotou a morte e reconduz-nos à vida imortal

A Ressurreição do Senhor marca a renovação da nossa condição humana. Cristo derrotou a morte, causada pelo nosso pecado, e reconduz-nos à vida imortal. Deste acontecimento provêm toda a vida da Igreja e a própria existência dos cristãos. Lemo-lo precisamente na segunda-feira do Anjo, no primeiro discurso missionário da Igreja nascente: *"Foi este Jesus —* proclama o Apóstolo Pedro *— que Deus ressuscitou, do que nós somos testemunhas. Tendo sido elevado pela direita de Deus, recebeu do Pai o Espírito Santo prometido e derramou o que vedes e ouvis."* (At 2, 32-33). Um dos sinais característicos da fé na Ressurreição é a saudação entre os cristãos no tempo pascal, inspirada pelo antigo hino litúrgico: *"Cristo ressuscitou! Verdadeiramente ressuscitou!".* É uma profissão de fé e um compromisso de vida, precisamente como aconteceu às mulheres descritas no Evangelho de São Mateus: *"Jesus saiu ao seu encontro e disse-lhes: 'Deus vos salve'. Elas aproximaram-se, estreitaram-Lhe os pés e prostaram-se diante d'Ele. Jesus disse-lhes: 'Nada receeis; ide dizer a Meus irmãos que partam para a Galileia, e lá Me verão'"* (28, 9-10). "Toda a Igreja — escreve o Servo de Deus Paulo VI — *recebe a missão de evangelizar, e a obra de cada um é importante para o todo. Ela permanece como um sinal opaco e ao mesmo tempo luminoso de uma nova presença de Jesus, da sua partida e da sua permanência. Ela prolonga-o e continua-o"* (Ex. Apost. Evangelii nuntiandi, 8 de dezembro de 1975, 15: AAS 68 [1974], 15).

Regina Cæli, Castel Gandolfo, 25 de abril de 2011.

44.

Deus não quer a morte do pecador, mas que se converta e viva

Perante o mal moral, a atitude de Deus consiste em opor-se ao pecado e salvar o pecador. Deus não tolera o mal, porque é Amor, Justiça e Fidelidade; e precisamente por isso não deseja a morte do pecador, mas que ele se converta e viva. Deus intervém para salvar a humanidade: vemo-lo em toda a história do povo judeu, a partir da libertação do Egito. Deus está determinado a libertar os seus filhos da escravidão, para os conduzir à liberdade. E a escravidão mais grave e mais profunda é precisamente a do pecado. Foi por isso que Deus enviou o seu Filho ao mundo: para libertar os homens do domínio de Satanás, *"origem e causa de todo o pecado"*. Enviou-o à nossa carne mortal, para que se tornasse vítima de expiação, morrendo por nós na cruz. Contra este plano de salvação definitivo e universal, o Diabo opôs-se com todas as forças, como demonstra de modo particular o Evangelho das tentações de Jesus no deserto, que é proclamado todos os anos no primeiro Domingo da Quaresma. Com efeito, entrar neste Tempo litúrgico significa aliar-se sempre com Cristo, contra o pecado, enfrentar — quer como indivíduo, quer como Igreja — o combate espiritual contra o espírito do mal (Quarta-feira de Cinzas, Oração da Coleta).

Angelus, Praça São Pedro, 13 de março de 2011.

45.
E nós, sobre o que queremos construir a nossa vida?

Jesus é a Palavra viva de Deus. Quando ensinava, o povo reconhecia nas suas palavras a mesma autoridade divina, sentia a proximidade do Senhor, o seu amor misericordioso, e prestava louvor a Deus e, ao mesmo tempo, revela-nos a nós mesmos, faz-nos sentir a alegria de sermos filhos do Pai que está no céu, indicando-nos a base sólida sobre a qual edificar a nossa vida. Mas muitas vezes o homem não constrói o seu agir, a sua existência, sobre esta identidade, e prefere a areia do poder, do sucesso e do dinheiro, pensando de encontrar nisso estabilidade e a resposta à exigência insuprimível de felicidade e de plenitude que leva à própria alma. E nós, sobre o que queremos construir a nossa vida? Quem pode responder deveras à inquietude do coração humano? Cristo é a rocha da nossa vida! Ele é a Palavra eterna e definitiva que não faz temer qualquer espécie de adversidade, qualquer dificuldade ou mal-estar (*Verbum Domini*, 10).

Angelus, Praça São Pedro, 6 de março de 2011.

46.
As Bem-Aventuranças constituem um novo programa de vida

"*Vendo aquelas multidões* — escreve são Mateus — *Jesus subiu à montanha. Sentou-se e os seus discípulos aproximaram-se dele. Então, começou a falar e a ensinar*" (Mt 5, 1-2). Jesus, novo Moisés, "*toma o seu lugar na 'cátedra' da montanha*" (Jesus de Nazaré, Milano 2007, p. 88) e proclama "*bem-aventurados*" os pobres de espírito, os aflitos, os misericordiosos, quantos têm fome de justiça, os puros de coração e os que são perseguidos (Mt 5, 3-10). Não se trata de uma nova ideologia, mas de um ensinamento que vem do Alto e diz respeito à condição humana, precisamente aquela que o Senhor, encarnando, quis assumir para a salvar. Por isso, "*o Sermão da montanha é dirigido ao mundo inteiro, no presente e no futuro e só pode ser compreendido e vivido no seguimento de Jesus, no caminho com Ele*" (Jesus de Nazaré, p. 92). As Bem-Aventuranças constituem um novo programa de vida, para nos libertarmos dos falsos valores do mundo e nos abrirmos aos bens verdadeiros, presentes e futuros. Com efeito, quando Deus consola, sacia a fome de justiça e enxuga as lágrimas dos aflitos, significa que, além de recompensar cada um de modo sensível, abre o Reino dos Céus. "*As Bem-Aventuranças são a transposição da cruz e da ressurreição na existência dos discípulos*" (Ibid., p. 97). Elas refletem a vida do Filho de Deus, que se deixa perseguir e desprezar até à condenação à morte, a fim de que aos homens seja concedida a salvação.

Angelus, Praça São Pedro, 30 de janeiro de 2011.

47.
Bem-Aventuranças: dons de Deus

Um antigo eremita afirma: *"As Bem-Aventuranças são uma dádiva de Deus, e temos o dever de lhe render grandes graças por elas e pelas recompensas que delas derivam, ou seja, o Reino dos Céus no século vindouro, a consolação aqui, a plenitude de todo o bem e a misericórdia da parte de Deus... uma vez que nos tivermos tornado imagem de Cristo na terra"* (Pedro de Damasco, in Filocalia, vol. 3, Torino 1985, p. 79). O Evangelho das Bem-Aventuranças comenta-se com a própria história da Igreja, a história da santidade cristã, porque — como escreve São Paulo — *"o que é estulto no mundo, Deus escolheu-o para confundir os sábios; e o que é fraco no mundo, Deus escolheu-o para confundir os fortes; e o que é vil e desprezível no mundo, Deus escolheu-o, como também as coisas que nada são, para destruir aquelas que são"* (1Cor 1, 27-28). Por isso, a Igreja não teme a pobreza, o desprezo e a perseguição numa sociedade com frequência atraída pelo bem-estar material e o poder mundano. Santo Agostinho recorda-nos que *"não é útil padecer tais males, mas suportá-los pelo nome de Jesus, não apenas com o espírito tranquilo, mas também com alegria"* (De sermone Domini in monte, I, 5, 13: CCL 35, 13).

Angelus, Praça São Pedro, 30 de janeiro de 2011.

48.

Que toda criança, vindo ao mundo, seja acolhida pelo calor de uma família

O nascimento de toda criança traz consigo algo deste mistério! Sabem-no bem os pais que a recebem como um dom e que, muitas vezes, assim se expressam. A todos nós é comum sentir dizer a um pai e a uma mãe: "Esta criança é um dom, um milagre!". Com efeito, os seres humanos vivem a procriação não como mero ato reprodutivo, mas ali percebem a riqueza, intuem que toda a criatura humana que surge na terra é "sinal" por excelência do Criador e Pai que está nos céus. Quanto é importante, então, que toda criança, vindo ao mundo, seja acolhida pelo calor de uma família! Não importam as comodidades exteriores: Jesus nasceu em um estábulo e como primeiro berço teve uma manjedoura, mas o amor de Maria e de José lhe fez sentir a ternura e a beleza de ser amado. Disso necessitam as crianças: do amor do pai e da mãe. É isso que lhes dá segurança e que, no crescimento, permite a descoberta do sentido da vida. A Sagrada Família de Nazaré atravessou muitas provas, como aquela – recorda no Evangelho segundo Mateus – do "massacre dos Inocentes", que obrigou José e Maria a emigrarem para o Egito (2, 13-23). Mas, confiando na divina Providência, eles encontraram a sua estabilidade e proporcionaram a Jesus uma infância serena e uma sólida educação.

Angelus, Praça São Pedro, 26 de dezembro de 2010.

49.
São José, homem novo

Santo Ambrósio comenta que *"em José se verificaram a amabilidade e a figura do justo, para tornar mais digna a sua qualidade de testemunha"* (Exp. Ev. sec. Lucam II, 5: ccl 14, 32-33). Ele — prossegue Ambrósio — *"não teria podido contaminar o templo do Espírito Santo, a Mãe do Senhor, o seio fecundado pelo mistério"* (Ibid., II 6: ccl 14, 33). Mesmo que se tenha sentido perturbado, José age *"como lhe tinha ordenado o anjo do Senhor"*, na certeza de fazer o que é justo. Também dando o nome de *"Jesus"* àquele Menino que rege todo o universo, ele coloca-se na esteira dos servos humildes e fiéis, semelhante aos anjos e aos profetas, semelhante aos mártires e aos Apóstolos — como cantam antigos hinos orientais. São José anuncia os prodígios do Senhor, testemunhando a virgindade de Maria, a ação gratuita de Deus, e guardando a vida terrena do Messias. Veneremos, portanto, o pai legal de Jesus (CIC 532), porque nele se delineia o homem novo, que olha com confiança e coragem para o futuro, não segue o próprio projeto, mas confia-se totalmente à misericórdia infinita d'Aquele que realiza as profecias e inaugura o tempo da salvação.

Angelus, Praça São Pedro, 19 de dezembro de 2010.

50.
O profeta encontra a sua alegria e a sua força na Palavra do Senhor

"Animai os vossos corações", diz a Escritura. Como podemos fazer isto? Como podemos tornar mais fortes os nossos corações, já em si bastante frágeis, e tornados ainda mais instáveis pela cultura na qual estamos imersos? A ajuda não nos falta: é a Palavra de Deus. De fato, enquanto tudo é passageiro e mutável, a Palavra do Senhor não é passageira. Se as vicissitudes da vida nos fazem sentir desorientados e todas as certezas parecem abaladas, temos uma bússola para encontrar a orientação, temos uma âncora para não ir à deriva. E aqui o modelo que nos é oferecido é o dos profetas, ou seja, daquelas pessoas que Deus chamou para que falem em seu nome. O profeta encontra a sua alegria e a sua força na Palavra do Senhor e, enquanto os homens procuram com frequência a felicidade por caminhos que se revelam errados, ele anuncia a verdadeira esperança, a que não desilude porque está fundada na fidelidade de Deus. Cada cristão, em virtude do Batismo, recebeu a dignidade profética: possa cada um redescobri-la e alimentá-la, com uma escuta assídua da Palavra divina. No-lo obtenha a Virgem Maria, que o Evangelho chama *"bem-aventurada porque acreditou no cumprimento das palavras do Senhor"* (Lc 1, 45).

Angelus, Praça São Pedro, 12 de dezembro de 2010.

51.

A vida é estar com Cristo, porque onde está Cristo ali está o Reino

O Evangelho de São Lucas apresenta, como numa grande moldura, a realeza de Jesus no momento da crucifixão. Os chefes do povo e os soldados ridicularizam *"o Primogênito de toda a criação"* (Cl 1, 15), pondo-o à prova para ver se Ele tem o poder de se salvar da morte (Lc 23, 35-37). E, no entanto, precisamente *"na cruz Jesus está à 'altura' de Deus, que é Amor. É ali que podemos 'conhecê-lo' [...] Jesus oferece-nos a 'vida', porque nos oferece Deus. Pode oferecê-la a nós, porque Ele mesmo é um só com Deus"* (Jesus de Nazaré, Milão 2007, págs. 399.404). Com efeito, enquanto o Senhor parece confundir-se entre dois malfeitores, um deles consciente dos próprios pecados, abre-se à verdade, alcança a fé e suplica ao *"Rei dos judeus"*: *"Jesus, recorda-te de mim, quando entrares no teu reino"* (Lc 23, 42). Daquele que *"existe antes de todas as coisas, e todas as coisas subsistem nele"* (Cl 1, 17), o chamado "bom ladrão" recebe imediatamente o perdão e a alegria de entrar no Reino dos Céus. *"Na verdade, digo-te: hoje estarás comigo no Paraíso"* (Lc 23, 43). Com estas palavras Jesus, do trono da Cruz, recebe cada homem com misericórdia infinita. Santo Ambrósio comenta que se trata de *"um bonito exemplo da conversão pela qual é necessário aspirar: depressa ao ladrão é concedido o perdão, e a graça é mais abundante do que o pedido; com efeito, o Senhor* — diz Ambrósio — *concede sempre mais do que o que se lhe pede [...] A vida é estar com Cristo, porque onde está Cristo ali está o Reino"* (Expositio Ev. sec. Lucam X, 121: CCL 14, 379).

Angelus, Praça São Pedro, 21 de novembro de 2010.

52.

Ricos e pobres perante Deus

Deus não exclui ninguém, nem pobres nem ricos. Deus não se deixa condicionar pelos nossos preconceitos humanos, mas vê em cada um de nós uma alma para salvar e é atraído especialmente por aquelas que são julgadas perdidas e se consideram elas mesmas tais. Jesus Cristo, encarnação de Deus, demonstrou esta imensa misericórdia, que nada tira à gravidade do pecado mas visa sempre salvar o pecador, a oferecer-lhe a possibilidade da remissão, de recomeçar do início, de se converter. Noutro trecho do Evangelho, Jesus afirma que é muito difícil para um rico entrar no Reino dos céus (Mt 19, 23). No caso de Zaqueu, vemos que quanto parece impossível se realiza: "*Ele* — comenta São Jerônimo — *ofereceu a sua riqueza e imediatamente a substituiu com a riqueza do reino dos céus*" (Homilia sobre o salmo 83, 3). E São Máximo de Turim acrescenta: "*As riquezas, para os tolos são um alimento para a desonestidade, para os sábios, ao contrário, são uma ajuda para a virtude; a estes, oferece-se uma oportunidade para a salvação, àqueles obtém um empecilho que os perde*" (Sermões, 95).

Angelus, Praça São Pedro, 31 de outubro de 2010.

53.
Cristo: modelo de humildade e gratuidade

Mais uma vez olhamos para Cristo como modelo de humildade e gratuidade: d'Ele aprendemos a paciência nas tentações, a mansidão nas ofensas, a obediência a Deus nos padecimentos, na expectativa que Aquele que nos enviou nos diga: *"vem mais para cima"* (Lc 14, 10); de fato, o verdadeiro bem é estar próximo d'Ele. São Luís IX, rei da França, pôs em prática quanto está escrito no livro do Eclesiástico: *"Quanto maior fores, mais te deverás humilhar, acharás misericórdia diante do Senhor"* (3, 18). Assim escrevia ele no seu *"Testamento espiritual ao filho"*: *"Se o Senhor te der alguma prosperidade, não só lhe deverás agradecer com humildade, mas presta bem atenção a não te tornares pior por vanglória ou por outra forma qualquer, isto é, preocupa-te por não entrar em contraste com Deus ou ofendê-lo com os seus próprios dons"* (Acta Sanctorum Augusti, 5 [1868], 546).

Angelus, Castel Gandolfo, 29 de agosto de 2010.

54.

A radicalidade que é devida ao Amor de Deus, ao qual Jesus é o primeiro que obedece

O evangelista Lucas apresenta-nos Jesus que, no seu caminho rumo a Jerusalém, encontra alguns homens, provavelmente jovens, os quais prometem segui-lo aonde quer que ele vá. Ele mostrou-se muito exigente com eles, admoestando-os que *"o Filho do homem – isto é Ele, o Messias – não tem onde repousar a cabeça"*, ou seja, não tem uma habitação sua estável, e que quem escolhe trabalhar com Ele na vinha do Senhor jamais poderá arrepender-se (Lc 9, 57-58.61-62). A outro jovem, o próprio Cristo diz: *"Segue-Me"*, pedindo-lhe um desapego total dos vínculos familiares (Lc 9, 59-60). Estas exigências podem parecer demasiado severas, mas na realidade expressam a novidade e a prioridade absoluta do Reino de Deus que se torna presente na própria Pessoa de Jesus Cristo. Em última análise, trata-se daquela radicalidade que é devida ao Amor de Deus, ao qual Jesus é o primeiro que obedece. Quem renuncia a tudo, até a si mesmo, para seguir Jesus, entra numa nova dimensão da liberdade, que São Paulo define *"caminhar segundo o Espírito"* (Gl 5, 16). *"Cristo libertou-nos para a liberdade!"* – escreve o Apóstolo – e explica que esta nova forma de liberdade que nos foi conquistada por Cristo consiste em estar *"ao serviço uns dos outros"* (Gl 5, 1-13). Liberdade e amor coincidem! Ao contrário, obedecer ao próprio egoísmo leva a rivalidades e conflitos.

Angelus, Praça São Pedro, 27 de junho de 2010.

55.
Tomar a cruz significa...

São Máximo, o Confessor, observa que *"o sinal distintivo do poder de nosso Senhor Jesus Cristo é a cruz, que ele carregou nas costas"* (Ambiguum 32, pg 91, 1284 c). Com efeito, *"a todos dizia: 'Se alguém quiser vir após mim, negue-se a si mesmo, tome a sua cruz, dia após dia, e siga-me"* (Lc 9, 23). Tomar a cruz significa comprometer-se para derrotar o pecado que impede o caminho rumo a Deus, aceitar diariamente a vontade do Senhor, aumentar a fé sobretudo diante dos problemas, das dificuldades e dos sofrimentos. A santa carmelita Edith Stein deu-nos este testemunho num período de perseguição. Assim escrevia do Carmelo de Colônia, em 1938: *"Hoje compreendo... o que quer dizer ser esposa do Senhor, no sinal da cruz, embora nunca se possa compreendê-lo completamente, dado que é um mistério... Quanto mais se obscurece ao nosso redor, tanto mais temos que abrir o coração à luz que vem do alto"* (La scelta di Dio. Lettere (1917-1942), Roma 1973, pp. 132-133). Também na época atual, muitos são os cristãos no mundo que, animados pelo amor a Deus, tomam todos os dias a cruz, tanto a das provações cotidianas como a provocada pela barbárie humana, que às vezes exige a coragem do sacrifício extremo. O Senhor conceda que cada um de nós deposite sempre a nossa esperança sólida n'Ele, persuadidos de que, seguindo-o e carregando a nossa cruz, chegaremos juntamente com Ele à luz da Ressurreição.

Angelus, Praça São Pedro, 20 de junho de 2010.

56.
Jesus não se contenta com vir ao nosso encontro. Ele quer mais: deseja a unificação

Por meio de Jesus, nós lançamos, por assim dizer, um olhar sobre a intimidade de Deus. No seu Evangelho, João expressou-o assim: *"A Deus, jamais alguém O viu. O Filho unigênito, que é Deus e está no seio do Pai, foi Ele quem O deu a conhecer"* (Jo 1, 18). Todavia, Jesus não nos deixou somente olhar na intimidade de Deus; com Ele, Deus também como que saiu da sua intimidade e veio ao nosso encontro. Isto acontece sobretudo na sua vida, paixão, morte e ressurreição; na sua palavra. Mas Jesus não se contenta com vir ao nosso encontro. Ele quer mais. Deseja a unificação. Este é o significado das imagens do banquete e das bodas. Nós não devemos somente conhecer algo dele, mas através dele mesmo temos o dever de ser atraídos a Deus. Por isso, Ele deve morrer e ressuscitar. Porque agora já não se encontra num determinado lugar, mas o seu Espírito, o Espírito Santo, já emana dele e entra nos nossos corações, unindo-nos deste modo com o próprio Jesus e com o Pai com o Deus Uno e Trino.

Homilia de Pentecostes, Praça São Pedro, 3 de junho de 2006.

57.

Cristo ressuscitado não é um fantasma, não é somente um pensamento, uma ideia. Ele permaneceu o Encarnado, ressuscitou Aquele que assumiu a nossa carne

Com o seu sopro, o Espírito Santo impele-nos rumo a Cristo. O Espírito Santo age corporalmente, e não apenas sob os pontos de vista subjetivo, "espiritual". Aos discípulos que O consideravam somente um "espírito", Cristo ressuscitado disse: *"Sou Eu mesmo! Tocai-me e olhai; um simples espírito um fantasma não tem carne nem ossos, como verificais que Eu tenho"* (Lc 24, 39). Isto é válido para Cristo ressuscitado, em todas as épocas da história. Cristo ressuscitado não é um fantasma, não é somente um pensamento, uma ideia. Ele permaneceu o Encarnado, ressuscitou Aquele que assumiu a nossa carne e continua sempre a edificar o seu Corpo, fazendo de nós o seu Corpo. O Espírito sopra onde quer, e a sua vontade é a unidade que se faz corpo, a unidade que encontra o mundo e o transforma.

Homilia de Pentecostes, Praça São Pedro, 3 de junho de 2006.

58.

O coração filial e fraterno de Cristo

O Senhor Jesus disse aos seus discípulos: *"Se Me amardes, guardareis os meus mandamentos. E Eu suplicarei ao Pai e Ele dar-vos-á outro Consolador, a fim de permanecer convosco para sempre"* (Jo 14, 15-16). Aqui nos revela-se o Coração orante de Jesus, o seu Coração filial e fraterno. Esta oração alcança o seu ápice e o seu cumprimento na cruz, onde a invocação de Cristo se identifica com o dom total que Ele faz de si mesmo e, deste modo, o seu rezar torna-se por assim dizer o próprio selo do seu doar-se em plenitude por amor ao Pai e à humanidade: invocação e doação do Espírito Santo encontram-se, compenetram-se e tornam-se uma única realidade. *"E Eu suplicarei ao Pai e Ele dar-vos-á outro Consolador, a fim de permanecer convosco para sempre"*. Na realidade, a oração de Jesus – a da Última Ceia e a da cruz – é uma oração que permanece também no Céu, onde Cristo está sentado à direita do Pai. Com efeito, Jesus vive sempre o seu sacerdócio de intercessão a favor do povo de Deus e da humanidade, e, portanto, reza por todos pedindo ao Pai o dom do Espírito Santo.

Homilia, Basílica Vaticana, 23 de maio de 2010.

59.
O Senhor Ressuscitado atravessa as portas fechadas

O Senhor Ressuscitado entra através das portas fechadas no lugar onde os discípulos se encontravam e saúda-os duas vezes dizendo: *"A paz esteja convosco!"* Nós, continuamente, fechamos as nossas portas; continuamente, queremos pôr-nos a salvo e não ser incomodados pelos outros nem por Deus. Portanto, podemos suplicar continuamente o Senhor por isso, para que ele venha ao nosso encontro vencendo os nossos fechamentos e trazendo-nos a sua saudação. *"A paz esteja convosco"*: esta saudação do Senhor é uma ponte, que ele lança entre céu e terra. Ele desce por esta ponte até nós e nós podemos subir, por esta ponte de paz, até Ele. Nesta ponte, sempre juntamente com Ele, também nós devemos alcançar o próximo, alcançar aquele que tem necessidade de nós. Precisamente descendo com Cristo, nós elevamo-nos até Ele e até Deus: Deus é Amor e, por isso, é descida, abaixamento, que o amor nos pede, e ao mesmo tempo é a verdadeira subida. Precisamente assim, abaixando-nos, saindo de nós mesmos, nós alcançamos a altura de Jesus Cristo, a verdadeira altura do ser humano.

Homília, Basílica Vaticana, 15 de maio de 2005.

Aqui você encontrará áudios complementares para este
Capítulo 4.

Escute, medite e aprofunde a sua experiência de

leitura e oração, na voz de Silvonei José.

© Vatican Media

"
O Espírito é também força que transforma o coração
da comunidade eclesial, para ser, no mundo,
testemunha do amor do Pai".[20]

---

[20] *Deus Caritas est,* **19**.

Capítulo 5

BENTO XVI: CREIO NO ESPÍRITO SANTO

"*A fim de que o Pentecostes se renove no nosso tempo, talvez seja necessário — sem nada tirar à liberdade de Deus — que a Igreja esteja menos 'angustiada' com as atividades e mais dedicada à oração*".[21] Uma preocupação constante de Bento XVI era com a oração, com o valor intrínseco da oração para todo fiel.

Ele busca no exemplo de Marta e Maria o paradigma do comportamento do fiel. Busca no exemplo de Maria a dedicação total de quem ama verdadeiramente o seu Deus.

Quanto nos deve fazer refletir isso nos nossos comportamentos: qual parte nós escolhemos? O frenesi do nosso

---

[21] Homilia na Solenidade de Pentecostes, Basílica de São Pedro, 31 de maio de 2009.

dia, ou os joelhos dobrados na conversa personalizada com quem nos amou por primeiro? Uma pergunta a ser respondida a cada dia. O Espírito sopra onde quer. Paremos para sentir a brisa do amor de Deus, respirar o ar de Deus.

60.
É preciso respirar o ar puro, o ar saudável do espírito, que é a caridade

O que o ar é para a vida biológica, o Espírito Santo é para a vida espiritual; e dado que existe uma poluição atmosférica que envenena o ambiente e os seres vivos, assim há também uma poluição do coração e do espírito, que mortifica e envenena a existência espiritual. Do mesmo modo como não podemos habituar-nos aos venenos do ar — e por isso o compromisso ecológico representa hoje em dia uma prioridade — da mesma forma deveríamos agir com relação àquilo que corrompe o espírito. No entanto, parece que há muitos produtos que poluem a mente e o coração, e que circulam nas nossas sociedades por exemplo, as imagens que espetacularizam o prazer, a violência e o desprezo pelo homem e pela mulher a isto parece que nos habituamos sem dificuldades. Também isto é liberdade, diz-se, sem reconhecer que tudo aquilo que polui, intoxica a alma principalmente das novas gerações e acaba por condicionar a sua própria liberdade. A metáfora do vento impetuoso do Pentecostes faz pensar no modo como, ao contrário, é preciso respirar o ar puro, quer com os pulmões, o ar físico, quer com o coração, o ar espiritual, o ar saudável do espírito que é a caridade!

Homilia, Basílica Vaticana, 31 de maio de 2009.

61.
Menos "angustiada" com as atividades e mais dedicada à oração

Se quisermos que o Pentecostes não se reduza a um simples rito ou a uma comemoração até muito sugestiva, mas seja um acontecimento atual de salvação, temos que nos predispor em expectativa religiosa do dom de Deus, mediante a escuta humilde e silenciosa da sua Palavra. A fim de que o Pentecostes se renove no nosso tempo, talvez seja necessário — sem nada tirar à liberdade de Deus — que a Igreja esteja menos "angustiada" com as atividades e mais dedicada à oração. É quanto nos ensina a Mãe da Igreja, Maria Santíssima, Esposa do Espírito Santo. Também ela foi uma espécie de pequeno "pentecostes", que fez jorrar a alegria e o louvor dos corações de Isabel e de Maria, uma estéril e a outra virgem, e ambas se tornaram mães graças à extraordinária intervenção divina (Lc 1, 41-45).

Homilia, Basílica Vaticana, 31 de maio de 2009.

62.
O homem já não quer ser imagem de Deus, mas de si mesmo

A figura mitológica de Prometeu (...) evoca um aspecto característico do homem moderno. Apropriando-se das energias do cosmos — o "fogo" — hoje o ser humano parece afirmar-se como deus e desejar transformar o mundo excluindo, pondo de lado ou até rejeitando o Criador do universo. O homem já não quer ser imagem de Deus, mas de si mesmo; declara-se autônomo, livre e adulto. Evidentemente, tal atitude revela uma relação não autêntica com Deus, consequência de uma imagem falsa que se constrói dele, como o filho pródigo da parábola evangélica que pensa em realizar-se a si mesmo, afastando-se da casa do pai. Nas mãos de um homem assim, o "fogo" e as suas enormes potencialidades tornam-se perigosos: podem voltar-se contra a vida e contra a própria humanidade, como demonstra a história. Como perene admoestação permanecem as tragédias de Hiroshima e Nagasaki, onde a energia atômica, utilizada para finalidades bélicas, semeou morte em proporções inauditas. Na verdade, poder-se-iam encontrar muitos exemplos, menos graves e, no entanto, igualmente sintomáticos, na realidade de todos os dias. A Sagrada Escritura revela-nos que a energia capaz de mover o mundo não é uma força anônima e cega, mas a ação do *"espírito de Deus que se movia sobre a superfície das águas"* (Gn 1, 2) no início da criação. E Jesus Cristo "trouxe à terra" não a força vital, que já habitava nela, mas o Espírito Santo, ou seja, o amor de Deus que *"renova a face da terra"*, purificando-a do mal e libertando-a do domínio da morte (cf. Sl 103 [104], 29-30). Este "fogo" puro, essencial e pessoal, o fogo do amor, desceu sobre os Apóstolos, reunidos em oração com Maria no Cenáculo, para fazer da Igreja o prolongamento da obra renovadora de Cristo.

Homilia, Basílica Vaticana, 31 de maio de 2009.

63.

Creio em Deus, Pai todo-poderoso, Criador do Céu e da Terra

O percurso ao longo dos caminhos da Sagrada Escritura começa pelo relato da criação. Desta forma, a liturgia quer-nos dizer que também o relato da criação é uma profecia. Não se trata de uma informação sobre a realização exterior da transformação do universo e do homem. Bem cientes disto estavam os Padres da Igreja, que entenderam este relato não como narração real das origens das coisas, mas como apelo ao essencial, ao verdadeiro princípio e ao fim do nosso ser. Ora, podemo-nos interrogar: mas, na Vigília Pascal, é verdadeiramente importante falar também da criação? Não se poderia começar pelos acontecimentos em que Deus chama o homem, forma para Si um povo e cria a sua história com os homens na terra? A resposta deve ser: não! Omitir a criação significaria equivocar-se sobre a história de Deus com os homens, diminuí-la, deixar de ver a sua verdadeira ordem de grandeza. O arco da história que Deus fundou chega até às origens, até à criação. A nossa profissão de fé inicia com as palavras: *"Creio em Deus, Pai todo-poderoso, Criador do Céu e da Terra"*. Se omitimos este início do Credo, a história global da salvação torna-se demasiado restrita, demasiado pequena.

Homilia, Basílica Vaticana, 23 de abril de 2011.

64.
Devemos colocar-nos ao lado da razão, da liberdade e do amor

É bom ser uma pessoa humana. Assim o que sucedera no universo em expansão não foi que por fim, num angulozinho qualquer do cosmos, ter-se-ia formado por acaso também uma espécie como qualquer outra de ser vivente, capaz de raciocinar e de tentar encontrar na criação uma razão ou de lhe conferir. Se o homem fosse apenas um tal produto casual da evolução em algum lugar nos limiares do universo, então a sua vida seria sem sentido ou mesmo um azar da natureza. Mas não! No início, está a Razão, a Razão criadora, divina. E, dado que é Razão, ela criou também a liberdade; e, uma vez que se pode fazer uso indevido da liberdade, existe também o que é contrário à criação. Por isso se estende, por assim dizer, uma densa linha escura através da estrutura do universo e através da natureza do homem. Mas, apesar desta contradição, a criação como tal permanece boa, a vida permanece boa, porque na sua origem está a Razão boa, o amor criador de Deus. Por isso, o mundo pode ser salvo. Por isso podemos e devemos colocar-nos ao lado da razão, da liberdade e do amor, ao lado de Deus que nos ama de tal maneira que Ele sofreu por nós, para que, da sua morte, pudesse surgir uma vida nova, definitiva, restaurada.

Homilia, Basílica Vaticana, 23 de abril de 2011.

65.
O Domingo tornara-se o dia da nova criação

O sábado é o sétimo dia da semana. Depois de seis dias em que o homem, de certa forma, participa no trabalho criador de Deus, o sábado é o dia do repouso. Mas, na Igreja nascente, sucedeu algo de inaudito: no lugar do sábado, do sétimo dia, entra o primeiro dia. Este, enquanto dia da assembleia litúrgica, é o dia do encontro com Deus por meio de Jesus Cristo, que no primeiro dia, o Domingo, encontrou como Ressuscitado os seus, depois que estes encontraram vazio o sepulcro. Agora inverte-se a estrutura da semana: já não está orientada para o sétimo dia, em que se participa no repouso de Deus; a semana inicia com o primeiro dia como dia do encontro com o Ressuscitado. Este encontro não cessa jamais de verificar-se na celebração da Eucaristia, durante a qual o Senhor entra de novo no meio dos seus e dá-Se a eles, deixa-Se por assim dizer tocar por eles, põe-Se à mesa com eles. Esta mudança é um fato extraordinário, quando se considera que o sábado – o sétimo dia – está profundamente radicado no Antigo Testamento como o dia do encontro com Deus. Quando se pensa como a passagem do trabalho ao dia do repouso corresponde também a uma lógica natural, torna-se ainda mais evidente o alcance impressionante de tal alteração. Este processo inovador, que se deu logo ao início do desenvolvimento da Igreja, só se pode explicar com o fato de ter sucedido algo de inaudito em tal dia. O primeiro dia da semana era o terceiro depois da morte de Jesus; era o dia em que Ele Se manifestou aos seus como o Ressuscitado. Aquele que estivera morto goza agora de uma vida que já não está ameaçada por morte alguma. Fora inaugurada uma nova forma de vida, uma nova dimensão da criação. O primeiro dia, segundo o relato do Gênesis, é aquele em que teve início a criação. Agora tornara-se, de uma forma nova, o dia da criação, tornara-se o dia da nova criação.

Homilia, Basílica Vaticana, 23 de abril de 2011.

66.

O sangue, símbolo do amor do Bom Pastor

"Hão de olhar para Aquele que transpassaram". Olhemos com confiança para o lado trespassado de Jesus, do qual brotam *"sangue e água"* (Jo 19, 34). Os Padres da Igreja consideraram estes elementos como símbolos dos sacramentos do Batismo e da Eucaristia. Com a água do Batismo, graças à ação do Espírito Santo, abre-se para nós a intimidade do amor trinitário. No caminho quaresmal, recordando o nosso Batismo, somos exortados a sair de nós mesmos e a abrir-nos, num abandono confiante, ao abraço misericordioso do Pai (São João Crisóstomo, Catechesi, 3, 14 ss.). O sangue, símbolo do amor do Bom Pastor, flui em nós especialmente no mistério eucarístico: *"A Eucaristia atrai-nos para o ato oblativo de Jesus... somos envolvidos na dinâmica da sua doação"* (Enc. Deus caritas est, 13). Vivamos a Quaresma como um tempo "eucarístico", no qual, acolhendo o amor de Jesus, aprendemos a difundi-lo à nossa volta com todos os gestos e palavras. Contemplar *"Aquele que trespassaram"* estimular-nos-á desta forma a abrir o coração aos outros reconhecendo as feridas provocadas à dignidade do ser humano; impulsionar-nos-á, sobretudo, a combater qualquer forma de desprezo da vida e de exploração da pessoa e a aliviar os dramas da solidão e do abandono de tantas pessoas.

Mensagem para a Quaresma 2007,
21 de novembro de 2006.

67.

A revelação do eros de Deus ao homem é, na realidade, a expressão suprema do seu ágape

Olhemos para Cristo transpassado na Cruz! É Ele a revelação mais perturbadora do amor de Deus, um amor em que *eros* e *ágape*, longe de se contraporem, se iluminam reciprocamente. Na Cruz é o próprio Deus que mendiga o amor da sua criatura: Ele tem sede do amor de cada um de nós. O Apóstolo Tomé reconheceu Jesus como *"Senhor e Deus"* quando colocou o dedo na ferida do seu lado. Não surpreende que, entre os santos, muitos tenham encontrado no Coração de Jesus a expressão mais comovedora deste mistério de amor. Poder-se-ia até dizer que a revelação do *eros* de Deus ao homem é, na realidade, a expressão suprema do seu *ágape*. Na verdade, só o amor no qual se unem o dom gratuito de si e o desejo apaixonado de reciprocidade infunde um enlevo que torna leves os sacrifícios mais pesados. Jesus disse: *"E Eu, quando for levantado da terra, atrairei todos a Mim"* (Jo 12, 32). A resposta que o Senhor deseja ardentemente de nós é, antes de tudo, que acolhamos o seu amor e nos deixemos atrair por Ele. Mas aceitar o seu amor não é suficiente. É preciso corresponder a este amor e comprometer-se depois a transmiti-lo aos outros: Cristo "atrai-me para si" para se unir comigo, para que eu aprenda a amar os irmãos com o seu mesmo amor.

Mensagem para a Quaresma 2007
21 de novembro de 2006.

68.

Na Cruz manifesta-se o eros de Deus por nós

É no mistério da Cruz que se revela plenamente o poder irresistível da misericórdia do Pai Celeste. Para reconquistar o amor da sua criatura, Ele aceitou pagar um preço elevadíssimo: o sangue do seu Filho Unigênito. A morte, que para o primeiro Adão era sinal extremo de solidão e de incapacidade, transformou-se assim no ato supremo de amor e de liberdade do novo Adão. Pode-se então afirmar, com São Máximo, o Confessor, que Cristo *"morreu, se assim se pode dizer, divinamente, porque morreu livremente"* (Ambigua, 91, 1056). Na Cruz manifesta-se o *eros* de Deus por nós. *Eros* é, de fato, como se expressa o Pseudo-Dionísio aquela *"força que não permite que o amante permaneça em si mesmo, mas o estimula a unir-se ao amado"* (De divinis nominibus, IV, 13: PG 3, 712). Qual *"eros mais insensato"* (N. Cabasilas, Vita in Cristo, 648) do que aquele que levou o Filho de Deus a unir-se a nós até ao ponto de sofrer como próprias as consequências dos nossos delitos?

Mensagem para a Quaresma 2007
21 de novembro de 2006.

69.
Jesus entra na Cidade Santa montado num jumento

Se quisermos ir ao encontro de Jesus e assim caminhar juntamente com Ele ao longo do seu caminho, deveremos, contudo, perguntar: qual é o caminho pelo qual Ele tenciona orientar-nos? O que nós esperamos dele? O que Ele espera de nós? Para compreender aquilo que aconteceu no Domingo de Ramos e descobrir o que isto significou não só naquela época, mas também o que significa para todos os tempos, revela-se importante um pormenor, que se tornou inclusive para os seus discípulos a chave para a compreensão deste acontecimento quando, após a Páscoa, eles voltaram a percorrer com um novo olhar aqueles dias tumultuosos. Jesus entra na Cidade Santa montado num jumento, ou seja, o animal das pessoas simples do campo, e, além disso, num jumento que não lhe pertence, mas que Ele, para essa ocasião, pede emprestado. Não chega num majestoso carro de luxo, nem a cavalo, como os poderosos do mundo, mas montado um jumento que tinha pedido emprestado. João narra-nos que, num primeiro momento, os discípulos não O compreenderam. Somente depois da Páscoa entenderam que Jesus, agindo deste modo, estava cumprindo os anúncios dos profetas, compreenderam que o seu agir derivava da Palavra de Deus e que a levava ao seu cumprimento.

Homilia, Praça São Pedro, 9 de abril de 2006.

70.

Jesus, Rei dos pobres, um Pobre entre os pobres e para os pobres

Somente depois da Páscoa [os discípulos] recordaram, diz João, que no profeta Zacarias se lê: *"Não temas, Filha de Sião, olha o teu Rei que chega sentado na cria de uma jumenta"* (Jo 12, 15; Zc 9, 9). Para compreender o significado da profecia e, deste modo, do próprio agir de Jesus, devemos ouvir todo o texto de Zacarias, que continua assim: *"Ele exterminará os carros de guerra da terra de Efraim e os cavalos de Jerusalém; o arco de guerra será quebrado. Proclamará a paz para as nações. O seu império irá de um mar ao outro, e do rio às extremidades da terra"* (9, 10). Com isto, o profeta afirma três coisas sobre o rei que há de vir. Em primeiro lugar, diz que ele será um rei dos pobres, um pobre entre os pobres e para os pobres. Neste caso, a pobreza é entendida no sentido dos anawim de Israel, daquelas almas crentes e humildes que encontramos em redor de Jesus na perspectiva da primeira Bem-Aventurança do Sermão da Montanha. Um indivíduo pode ser materialmente pobre, mas ter o coração cheio de desejo da riqueza material e do poder que deriva da riqueza. Precisamente o fato de viver na inveja e na avidez demonstra que, no seu coração, ele pertence aos ricos. Deseja alterar a repartição dos bens, mas para chegar a estar pessoalmente na situação dos ricos de antes.

Homilia, Praça São Pedro, 9 de abril de 2006.

71.

A liberdade interior é o pressuposto para a superação da corrupção e da avidez

A pobreza, no sentido de Jesus, no sentido dos profetas, pressupõe, sobretudo, a liberdade interior do desejo da posse e da avidez do poder. Trata-se de uma realidade maior do que uma simples repartição diferente dos bens que, todavia, permaneceria no campo material, tornando aliás os corações ainda mais duros. Trata-se, em primeiro lugar, da purificação do coração, graças à qual se reconhece a posse como responsabilidade, como dever em relação aos outros, colocando-se sob o olhar de Deus e deixando-se orientar por Cristo que, sendo rico, se fez pobre por nós (2Cor 8, 9). A liberdade interior é o pressuposto para a superação da corrupção e da avidez, que já devastam o mundo; esta liberdade só pode ser encontrada se Deus se tornar a nossa riqueza; só pode ser encontrada na paciência das renúncias cotidianas, nas quais ela se desenvolve como autêntica liberdade. É o rei, que nos indica o caminho rumo a esta meta. É Jesus que aclamamos no Domingo de Ramos; é a Ele que pedimos para que nos acompanhe ao longo deste seu caminho.

Homilia, Praça São Pedro, 9 de abril de 2006.

72.
Só podemos vencer o mal com o bem

O profeta Zacarias (Zc 9, 10) mostra-nos que este rei será um rei de paz: Ele exterminará os carros de guerra da terra e os cavalos de batalha, quebrará os arcos de guerra e proclamará a paz. Na figura de Cristo isto concretiza-se mediante o sinal da Cruz. Ela é o arco quebrado, de certa maneira o novo e autêntico arco-íris de Deus, que une o céu e a terra e lança uma ponte sobre os abismos e entre os continentes. A nova arma, que Jesus coloca nas nossas mãos, é a Cruz – sinal de reconciliação e de perdão, sinal do amor que é mais forte do que a morte. Cada vez que fazemos o sinal da Cruz devemos recordar que não podemos opor-nos a uma injustiça com outra injustiça, a uma violência com outra violência; devemos recordar que só podemos vencer o mal com o bem, jamais retribuindo o mal com o mal.

Homilia, Praça São Pedro, 9 de abril de 2006.

73.

A rede das comunidades eucarísticas que abraça a terra

Zacarias diz que o reino do rei da paz se difunde *"de um mar ao outro... até às extremidades da terra"*. Aqui, a antiga promessa da Terra, feita a Abraão e aos Padres, é substituída por uma nova visão: o espaço do rei messiânico já não é um determinado país que em seguida se separaria necessariamente dos outros e, portanto, de modo inevitável, tomaria uma posição também contra os demais países. O seu país é a terra, o mundo inteiro. Ultrapassando toda a delimitação, na multiplicidade das culturas, Ele cria a unidade. Penetrando com o olhar as nuvens da história, que separavam o profeta de Jesus, vemos nesta profecia emergir de longe na profecia a rede das comunidades eucarísticas que abraça a terra, o mundo inteiro uma rede de comunidades que constituem o *"Reino da paz"* de Jesus, de um mar ao outro, até às extremidades da terra. Ele vem a todas as culturas e a todas as regiões do mundo, a toda a parte nas cabanas mais miseráveis e nos campos mais pobres, assim como no esplendor das catedrais. Em todos os lugares Ele é o mesmo, o Único, e assim todos os orantes congregados, na oração com Ele, encontram-se também unidos entre si num único corpo. Cristo domina, tornando-se Ele mesmo o nosso pão e entregando-se a nós. É desta maneira que Ele edifica o seu Reino.

Homilia, Praça São Pedro, 9 de abril de 2006.

74.

Saudamos Aquele que, na Eucaristia, vem sempre de novo a nós

A multidão aclama Jesus: *"Hosana! Bendito seja o que vem em nome do Senhor"* (Mc 11, 9; Sl 118 [117], 25 s.). Esta palavra faz parte do rito da festa dos tabernáculos, durante o qual os fiéis caminham em redor do altar, tendo nas mãos alguns ramos compostos de palmas, mirtos e salgueiros. Pois bem, com as palmas nas mãos, as pessoas elevam este clamor diante de Jesus, em Quem vislumbram Aquele que vem em nome do Senhor: com efeito, a expressão *"Aquele que vem em nome do Senhor"* tornou-se há muito tempo a designação do Messias. Em Jesus reconhecem Aquele que verdadeiramente vem em nome do Senhor e traz a presença de Deus ao meio de nós. Este grito de esperança de Israel, esta aclamação a Jesus durante o seu ingresso em Jerusalém, na Igreja tornou-se justamente a aclamação Àquele que, na Eucaristia, vem ao nosso encontro de um modo novo. Com o brado do *"Hosana!"* saudamos Aquele que, em carne e sangue, trouxe a glória de Deus à terra. Saudamos Aquele que veio e, todavia, permanece sempre Aquele que há de vir. Saudamos Aquele que, na Eucaristia, vem sempre de novo a nós em nome do Senhor, unindo deste modo na paz as extremidades da terra. Esta experiência da universalidade constitui uma parte essencial da Eucaristia. Quando o Senhor vem, nós saímos dos nossos particularismos exclusivos e entramos na grande comunidade de todos aqueles que celebram este santo Sacramento. Entramos no seu reino de paz e, de certo modo, saudamos nele também todos os nossos irmãos e irmãs, aos quais Ele vem, para se tornar um verdadeiro reino de paz no meio deste mundo dilacerado.

Homilia, Praça São Pedro, 9 de abril de 2006.

Aqui você encontrará áudios complementares para este
Capítulo 5.

Escute, medite e aprofunde a sua experiência de

leitura e oração, na voz de Silvonei José.

*"O Brasil ocupa um lugar muito especial

no coração do Papa"*.²²

---

²² Discurso do Papa Bento XVI no Aeroporto Internacional de São Paulo/Guarulhos, durante a Viagem Apostólica ao Brasil, por ocasião da V Conferência Geral do Episcopado da América Latina e do Caribe. Cerimônia de boas-vindas - quarta-feira, 9 de maio de 2007.

Bento XVI: Um peregrino que encoraja o povo católico

O legado de Bento XVI é amplo, complexo e continua a ser objeto de análise e interpretação dentro e fora da Igreja Católica. Enquanto alguns veem seu pontificado como um período de fortalecimento da ortodoxia, outros o consideram como um momento de transição para a Igreja em meio aos desafios do século XXI.

Sim, o Papa Bento XVI sempre foi reconhecido por sua profunda erudição teológica e sua habilidade como catequista. Antes de se tornar Papa, Joseph Ratzinger já era conhecido como um teólogo respeitado. Durante seu pontificado (2005-2013), ele continuou a enfatizar a importância da catequese, ou seja, o ensino da fé católica.

Como pudemos notar, Bento XVI escreveu uma série de documentos, livros, textos, durante seu pontificado, nos quais sempre explorou e explicou os ensinamentos da Igreja Católica. Seu "Catecismo da Igreja Católica" é uma compilação abrangente dos ensinamentos da Igreja e serviu como uma fonte fundamental para a catequese.

Ele via a catequese como uma ferramenta essencial para transmitir a fé de maneira clara e autêntica. Suas catequeses regulares durante as audiências gerais, muitas vezes focadas em temas teológicos e morais, eram conhecidas por sua profundidade intelectual e acessibilidade. Muitos desses temas das catequeses estarão presentes no próximo livro – o volume 2 desta série com textos de Bento XVI – uma viagem nas suas catequeses semanais e na profundidade de seu pensamento sobre o mundo moderno.

A habilidade de Bento XVI – como vimos nas páginas anteriores – de apresentar conceitos teológicos complexos de uma maneira acessível, simples e entusiasmante, foi destacada por muitos e frequentemente elogiado por sua clareza e profundidade.

Certamente, a reputação do Papa Bento XVI como um grande catequista é amplamente reconhecida. Sua vida dedicada ao estudo teológico e sua posição como Prefeito da Congregação para a Doutrina da Fé, antes de se tornar Papa, contribuíram para sua profunda compreensão dos ensinamentos da Igreja Católica.

Recordamos que Bento também promoveu a importância de uma sólida formação catequética para os fiéis, incentivando as dioceses e paróquias a oferecerem programas educacionais sólidos para ajudar os católicos a compreenderem melhor sua fé. Além disso, Bento XVI enfatizou a importância da razão na fé, argumentando que a fé cristã pode ser compreendida intelectualmente.

Ele também encorajou os católicos a se envolverem em um diálogo respeitoso com aqueles que têm diferentes convicções, promovendo assim uma compreensão mais profunda da fé e sua aplicação prática na vida cotidiana.

Em resumo, o Papa Bento XVI foi, de fato, um grande catequista, deixando um legado de ensinamento sólido que continua a influenciar a compreensão da fé católica em todos nós, em todo o mundo.

© *Vatican Media*

"

*Permanecei firmes na fé!
Não vos deixeis confundir!"*

(Testamento Espiritual de Bento XVI)

ANGELVS
EDITORA

www.angeluseditora.com

Este livro foi impresso pela
Gráfica Loyola,
Na Festa da
Conversão de São Paulo, Apóstolo